TÜRKISCHE KÜCHE

Lizenzausgabe für
UNIPART VERLAG GmbH,
Remseck bei Stuttgart, 1993

ISBN 38122 3307 X

DR. OETKER

TÜRKISCHE KÜCHE

Unipart-Verlag · Stuttgart

Vorwort

Die türkische Küche hat eine fast tausendjährige Tradition, denn der islamische Glaube und der Nationalstolz sind ihr Garant für Beständigkeit.

Die Einschränkungen der religiösen Vorschriften sowie die Armut der Bevölkerung bedeuten jedoch keineswegs Einseitigkeit der Ernährung.

Die Türkei überrascht jeden Touristen mit einer schier unbegrenzten Vielfalt köstlicher Speisen: denn die unterschiedlichsten klimatischen Verhältnisse ermöglichen eine Vielfalt landwirtschaftlicher Erzeugnisse. Zudem läßt die historische und geografische Verbindung zwischen Europa und Asien die gegensätzlichsten Einflüsse spürbar werden. Und nicht zuletzt macht die Kreativität der türkischen Köchinnen das Essen täglich zu einem neuen Erlebnis.

Wenn Sie der Bekömmlichkeit dieser Gerichte auf die Spur gekommen sind, dann wünschen wir Ihnen beim Nachvollziehen der Rezepte und beim Genießen viel Vergnügen, vor allem aber einen

Guten Appetit!

Afiyet Olsun

Kulinarische Türkei

Knoblauch und Olivenöl — für viele der Inbegriff türkischer Küche. Dabei wird die Reduktion auf diese durchaus maßgebenden Zutaten der Vielfalt und dem Variantenreichtum einer türkischen Speisekarte kaum gerecht. Einfache Gerichte, die an die karge Lebensweise der Bauern und Hirten Anatoliens erinnern, wechseln ab mit den raffinierten Fischspezialitäten der Mittelmeer- und Schwarzmeerküste. Sie spiegeln die geographische Weiträumigkeit und kulinarische Bandbreite wider.

Während Teile Anatoliens nur schwer agrarisch genutzt werden können, gedeihen im subtropischen Küstenklima entsprechende Tee- und Obstsorten (hier vor allem Bananen, Zitrusfrüchte, Feigen und Datteln); in gemäßigten Zonen fast alle Gemüsesorten.

Historisch und geographisch zwischen Orient und Okzident verankert, sind gleichermaßen arabische Einflüsse und die Nähe des Balkans in der Rezeptvielfalt spürbar: Schärfe korrespondiert hier mit raffinierter Exotik.

Essen in der Türkei ist nicht an bestimmte Tageszeiten gebunden. Der Happen zwischendurch, die Brezel auf der Straße, von kleinen Jungen auf langen Stangen feilgeboten, erfreuen sich größter Beliebtheit. Vor allem die zahlreichen Stationen der Überlandbusse halten zu jeder Tages- und Nachtzeit ein Buffet warmer Speisen bereit.
Am Goldenden Horn halten die Fischer noch einen besonderen Leckerbissen parat: In den frühen Abendstunden servieren sie den aus Geschäften und Büros Heimkehrenden gebratenen Fisch, direkt aus dem Boot.

Die türkische Mahlzeit ist jedoch nicht ausschließlich Selbstzweck — Fast-Food. Vielmehr ist sie begleitender Rahmen geselliger Familientreffen und äußeres Zeichen der Gastfreundschaft.
Insbesondere bei Feierlichkeiten (Beschneidungsfest, Ende des Fastenmonats Ramadan), kommt die Üppigkeit türkischer Kochkunst zum Tragen.

Einkaufen der Zutaten

Qualitätsverwöhnt ist der türkische Kunde überaus kritisch — indessen, was die Zutaten angeht, auch flexibel und experimentierfreudig.
Die Jahreszeit bestimmt den Speisezettel — Fehlendes wird mit Phantasie ersetzt.
Frische und Aroma sind neben dem Preis Auswahlkriterien, die es mit allen Sinnen nachzuprüfen gilt. Ein ähnliches Verhalten ist auch in den türkischen *Lokantas* zu beobachten.

Anstatt sich auf die — dem Fremden auch oft unverständliche — Speisekarte zu verlassen, beginnt das Kiebizen über dem Kochtopf oder an der immer warmgehaltenen, verführerisch dekorierten Auslage.
Neben der konkreten Vorstellung von dem, was den Gast erwartet, steigert diese die Vorfreude und läßt auch dem noch nicht ganz Hungrigen das Wasser im Munde zusammenlaufen.
Möglicherweise läßt sich daraus zu Hause eine Regel machen, indem, entgegen dem Sprichwort „viele Köche verderben den Brei", eine gute Idee mit „verkocht" wird.

Eßgewohnheiten

Das Klima bestimmt maßgeblich den Tagesablauf — viel stärker als in Mitteleuropa. Besonders in den trockenen Sommermonaten, an den Küsten schwül-warm, fehlt meist schon zum Frühstück der rechte Appetit.
Man begnügt sich daher meist mit einer Tasse heißer, gesüßter Milch und einer Sesambrezel (*Simit*). Brot, Butter, Käse, Konfitüre, Honig und auch eine Suppe (*Çorbasi*) können die erste Mahlzeit am Tage ergänzen. Das gebrochene Brot wird dann entgegen unserer Gewohnheit in die fast flüssige Konfitüre getaucht. Honig und Schafskäse werden häufig zusammen auf dem Brot verstrichen.
Die Mittagshitze lädt eher zu einer ausgedehnten Ruhepause ein. So kann sich die Hauptmahlzeit, je nach Jahreszeit, auch bis in die Abendstunden verschieben. Zwischendurch behilft man sich mit Joghurt (*Ayran*) oder als Häppchen angerichteten Vorspeisen (*Mezelar*), die in der türkischen Küche eine herausragende Bedeutung haben.
Angeboten werden je nach Region, bis zu fünfzehn verschiedene hors d'oevres. Sie können zum einen als Vorspeise das Menü einleiten, zum anderen in ihrer bunten Vielfalt auch eine volle Mahlzeit ersetzen. Auf jeden Fall besitzt die einzelne *Meze* eine mundgerechte Größe.

Nicht immer haben die einzelnen Snacks eine Brotunterlage. Meist sind sie in zeitraubender Arbeit phantasievoll zubereitete Minigerichte. In dieser Sammlung findet man bunte Salate neben ausgefallenen Happen wie Weinblätter oder Kalbshirn. Auch in Olivenöl gekochter kalter Reis, eingewickelt in Kohlblätter, Paprikaschoten oder Weinblätter, eignet sich gut.

Füllungen mit Hackfleisch, Gewürzen, getrockneten Weintrauben oder Rosinen geben den Snacks eine besonders pikante Note. Fischliebhaber kommen bei Krabben-, Sardinen- oder Tintenfischfüllungen auch auf ihre Kosten.

Nicht zu vergessen sind die *Börek*, knuspriger, im Ofen bebackener Blätterteig, deren Inneres Fleischgehacktes, Schafskäse oder Spinat offenbart. Berühmt im vielseitigen Programm der Vorspeisen und Zwischenmahlzeiten ist der leicht salzige Joghurt, der aus Ziegen- und Schafsmilch gewonnen wird. Man verzehrt ihn als *Cacik* mit viel Knoblauch und klein gewürfelter Gemüsegurke oder verfeinert damit ausgebackene Auberginen und Salate.

Weich und cremig geschlagen, teils mit Puderzucker überdeckt, schmeckt er zu allen Tageszeiten und ist vor allem bei großer Hitze durstlöschend und erfrischend.

Auf dem Fährschiff oder im Familienlokal, dem *Gazino*, wird er am Bosporus oft in großen Aluminiumschalen angeboten. *Meze* kann Snack für den Eiligen sein; vielmehr ist er jedoch kulinarische Grundlage ausgiebiger Gespräche im Freundeskreis und behaglicher Muße.
Suppen als klassische Vorspeise bilden innerhalb eines Menüs den Übergang zum Hauptgericht. Auch hier hält die türkische Küche ein buntes Angebot bereit. Neben Tomaten- und Gemüsesuppen fallen besonders die Joghurt- und diverse Fischsuppen ins Auge.
Ein Kontrast für mitteleuropäische Gaumen ist möglicherweise die *Iskembe Çorbasi*, eine mit Knoblauchessig angereicherte Suppe aus Kutteln und Ei.

Hunkâr beğendi — „es schmeckt dem Sultan"; *Kuzu dugun Kizortmari* — Hochzeitsnachtfricassé, *Kachin budu Köfte* — Frauenschenkel Köfte, *iman bayildi* — der Vorbeter fiel in Ohnmacht — phantasiereiche Namen der Gerichte, die den Einfallsreichtum ihrer Erfinder ahnen lassen.

Fleisch vom Schaf spielt in der türkischen Küche eine große Rolle, von der Intensität des Geschmackes unterschiedlich — Schaf, Hammel und Lamm. In geringem Maße werden daneben auch Kalb und Geflügel verarbeitet; Schweinefleisch dagegen ist aus religiösen Gründen tabu.
Am bekanntesten sind die Gerichte vom Spieß: *Döner Kebab* (auf senkrecht gestelltem Spieß geröstetes Hammel- oder Lammfleisch, bei dem die jeweils äußere Kruste in feinen Scheiben abgeschnitten wird) und *Şişkebab* (zusammen mit Zwiebeln und Tomaten geröstete Hammel- oder Lammfleischstückchen). Als eine besondere Delikatesse gilt *Kuzu Donnasi* — Lammbraten mit Reis, Rosinen und Pinienkernen gefüllt.
Fleisch wird jedoch selten ohne entsprechende Beilagen zubereitet. Wenn es nicht ausschließlich mit Gemüse kombiniert werden soll, werden zusätzlich Reis, Nudeln oder Kartoffeln gereicht.

Gemüse können aber auch ohne Fleisch, im Sommer oft kalt, eine vollständige und sättigende Mahlzeit darstellen. *Kabak Kitzortmesi* (gebratene Zucchini) in Joghurtsauce oder *Ispanakli Boregi* (Blätterteigpastete gefüllt mit Spinat), lassen das Fleisch nicht so schnell vermissen.

Eine besondere Eigenart ist die Verwendung des Öls. Beim Anmachen der Salate, beim Braten mancherlei Gemüse und verschiedener Fleischsorten ist es aus küchentechnischer Sicht unentbehrlich.
Seine besondere Rolle findet es als Geschmacksverstärker.
Einige Speisen entfalten erst durch das Öl ihr volles Aroma. Durch reichlichen Brotverzehr läßt sich sein Gebrauch auch für unsere Verdauungsorgane erträglich machen.

Süßer Traum

Eine wahrhafte Bereicherung jeden Mahls sind die türkischen Süßspeisen.
In der Folge eines Menüs werden sie vor dem abschließenden Kaffee oder Tee gegessen, können aber auch dazu gereicht werden. Sie sind wesentlich süßer als unsere heimischen Süßspeisen und können deshalb auch nur in geringen Portionen verzehrt werden. Wir haben, so meinen wir, die schmackhaftesten für Sie ausgewählt. Auf den Seiten 118 – 131 finden Sie entsprechende Rezepte.

Kaffee und Tee

Türkischer Mokka, ein begehrtes, aber teures Getränk, erfreut sich gerade auch in Deutschland zunehmender Beliebtheit.
Besonders hübsch und dekorativ sind die kleinen Stielgefäße aus Messing (*Cezwe*), in denen er zubereitet wird.

Und so wird's gemacht:

Kaffee mit Zucker (*Kahve Seker*): nach Belieben einen oder auch mehrere Teelöffel Zucker mit einem gehäuften Teelöffel türkischen Mokka (sehr fein gemahlen) in ein Stiel-Gefäß für eine Tasse geben und mit Wasser auffüllen, verrühren, auf eine Herdplatte stellen und bei mittlerer Hitze so lange warten, bis sich auf der Oberfläche des Getränkes Schaum bildet.

Sofort heiß servieren. Gerade im Anschluß an eine reichhaltige Mahlzeit ist er der krönende Abschluß.

Der Tee, *Cay*, hingegen ist ein Getränk für jede Gelegenheit, ob im Restaurant, im Basar oder beim Teppichkauf.
Er begleitet alles — vom sachlichen Gespräch über Verhandlungen bis hin zum Warten auf den nächsten Reiseanschluß.
Hergestellt wird ein äußerst starkes Konzentrat aus Teeblättern, dieses befindet sich in einer kleinen Teekanne, in einer größeren wird heißes Wasser bereitgehalten. Die Teestärke kann so, je nach Geschmack, variiert werden. Im Samovar zubereitet, verbreitet er eine ganz besondere Atmosphäre.

Kleiner Sprachführer

Wir haben hier einige Gerichte und Zutaten für Sie in türkischer Sprache zusammengestellt. Eine kleine Hilfe, die Ihnen auch beim nächsten Türkeiurlaub zugute kommt.
Zunächst aber eine kurze Aussprachhilfe:

c = dsch
ç = tsch
f = fe
H = ch
i = e
j = dj
l = le
m = me
n = ne
r = re
s = ze
ş = sch
v = au
y = je
z = se

Gemüse *Sebze*

Salat *Salata*
Artischocken *Euginar*
Auberginen *Patlican*
Dicke Bohnen *Bakla*
Blumenkohl *Karnabahar*
Bohnen *Fasulye*
Champignons *Mantar*
Erbsen *Bezelye*
Chicorée *Hindiba*
Grüne Bohnen *Taze Fasulye*
Gurken *Salatalch*
Hülsenfrüchte *Baklagiller*
Kartoffeln *Patates*
Kichererbsen *Nohut*
Kohl *Lahana*
Kürbis *Kabak*
Lauch / Porree *Pirasa*
Linsen *Mercimek*
Mais *Misir*
Möhren *Havuç*
Okra *Bamya*
Paprikaschoten *Yeşil Bĭber*
Rote Beete *Pancar*
Sellerie *Kereviz*
Spinat *Ispanak*
Spitzpaprika *Sivri Biber*
Tomaten *Domates*
Schalotten *Taze soğan*
Weißkohl *Kapiska*
Zucchini *Kabak*
Zwiebeln *Soğan*

Kräuter *Baharatlar*

Gewürze *Toz Baharatlar*

Anis *Anason*
Ingwer *Zencefil*
Knoblauch *Sarmisak*
Kümmel *Kimyon*
Minze *Nane*
Muskat *Küçük Hindistan Elvici*
Petersilie *Maydanoz*
Pfeffer *Karabiber*
Pigment *Yeni Bahar*
Paprika *Kirmizi Biber*
Peperoni *Biber / Sivri*
Rosenwasser *Gil Suya*
Salz *Tuz*

Senf *Hardal*
Thymian *Kekik*
Zimt *Tarçin*

Obst *Meyvalar*

Ananas *Ananas*
Apfel *Elma*
Apfelsinen *Portakal*
Banane *Muz*
Birnen *Armut*
Erdbeeren *Çilek*
Feigen *Yneir*
Granatapfel *Nar*
Himbeeren *Ahududu*
Mandarinen *Mandalin*
Kirschen, süß *Kiraz*
Sauerkirschen *Vişne*
Oliven *Zeytin*
Melonen *Karpuz/Karvun*
Pfirsiche *Seftali*
Pflaumen *Erik*
Quitte *Ayva*
Rosinen *Kuru Üzüm*
Zitronen *Limon*
Weintrauben *Üzüm*

Fleisch *Et*

Geflügel *Kümes Hayvanlari*
Wild *Yabani*
Lamm *Kuzu*
Lammfleisch *Kuzu Eti*
Lammhack *Kuzu Krymas*
Lammkotelett *Kuzu Pirzolasi*
Lammkeule *Kuzu Budu*
Hammel *Koyun*
Hammelfleisch *Koyun Eti*
Hammelkeule *Koyun Budu*
Kalb *Dana*
Kalbfleisch *Dana Eti*
Kalbsfilet *Dana Filotasu*
Rind *Seğir*
Rindfleisch *Seğir Eti*
Rinderhack *Seğir Krymasi*
Rindergulasch *Seğir Kuşbaşe*
Rinderfilet *Seğir Filotasu*
Geräucherter
Rinderschinken *Pastirna*
Hähnchen *Tavuk*
Hähnchenbrust *Tavuk Gögsü*
Hähnchenschenkel *Tavuk Dudu*
Ente *Ördek*
Gans *Kaz*
Fasan *Sülün*
Wildtaube *Yaban Güverçin*
Hase *Tavşan*
Reh *Karaca*
Kaninchen *Ada tauşani*
Leber *Ciğer*
Nieren *Böbrek*
Hirn *Beyin*
Röstfleisch *Kebap*
Hackfleisch *Kiyma*
Frikadelle *Köfte*
Gulasch/Ragout *Kuşbaşi*

Fisch *Balik*

Blaufisch *Mavi Balek*
Barsch *Levrek*
Garnelen *Karides*
Forellen *Alabalik*
Kabeljau *Morina*
Krabben *Pavurya*
Langusten *Makassiz Istakoz*
Makrelen *Uskumru*
Muscheln *Midye*
Rotbarben *Barbunya*
Sardellen *Hamsi*
Schalentiere *Deniz Mahsulleri*
Schwertfisch *Kiliç Baliği*
Tintenfisch *Aktapot Baliği*
Thunfisch *Ton baliği*

Nüsse *Kuru Yemişler*

Haselnüsse *Findik*
Kastanien *Kestane*
Kokosnüsse *Hindistan Cevizi*
Mandeln *Badem*
Pinienkerne *Dolma Fistiği*
Pistazien *Şam Fistiği*
Walnüsse *Ceviz*

Getränke *Içkiler*

Bier *Bira*
Fruchtsäfte *Meyva sulari*
Joghurt *Yogurt*
Kaffee *Kahve*
Mineralwasser *Madensugu*
Mokka *Türke Kahvesi*
Rotwein *Kirmizi Çarap*
Tee *Çey*
Weißwein *Beyaz Şarap*
Wein *Şarap*

Verschiedenes

Auflauf *Sufle/Firin*

Blätterteig *Yaprak Hamuru*
Brot *Ekmek*
Brühe/Wasser *Su*
Butter *Terey ağ*

Creme *Krema*

Eier *Yumurta*
Eierspeisen *Yumurtah Yemekler*
Eintopf *Türlü*
Erfrischungen *Meşrubat*
Essig *Sirke*

Fladenbrot *Pide*

Gedämpft *Bujuda pişirmek*
Gelee *Jöle*
Gemüse *Sebze*
Getränke *Içkiler*

Hefe *Maya*
Honig *Bal*
Honigkuchen *Bal Pastasi*

Käse *Peynir*
Kompott *Komposta*
Kuchen *Pasta*

Olivenöl *Zeytinyağ*
Omelett *Omlet*

Ragout *Yahni*
Reis *Pirinç*
Reisgericht *Pilav*
Rühreier *Menemen*

Makkaroni *Makarna*
Marmelade *Marmalet*
Mehl *Un*
Milch *Süt*

Nachspeisen *Tatlilar*
Nudeln *Erişte*
Nudelgericht *Markanatla*

Sahne *Kaymak*
Salat *Şalata*
Schmoren *Yavaş Ateşte Pişirmek*
Sesam *Susam*
Sesamöl *Tahin*
Sauce *Salça*
Speiseeis *Dondurma*
Spiegeleier *Tavayumurtasi*
Spieß *Şiş*
Sirup *Şurup*
Suppe *Çorbasi*

Tomatenmark *Domates Salça*

Vorspeisen *Meze*

Weinblätter *Yaprak*
Weizen *Buğaday*
Weizenmehl *Buğday Unu*
Weizengrütze *Bulgar*

Zucker *Şeker*
Zuckersirup *Tatlise*

Meze
Vorspeisen

MÜCVER

Zucchinipuffer mit Zitronenjoghurt

(4 Portionen, Foto S. 24/25)

600 g Zucchini
1 Zwiebel
Saft von 1 Zitrone
1 Tasse Weizenmehl
4 Eier
Salz
Pfeffer aus der Mühle
2 Eßl. gehackte Pfefferminze
2 Eßl. gehackte Zitronenmelisse
2 Eßl. gehackten Dill
Olivenöl zum Braten
400 g Joghurt
Saft von 1 Zitrone
1/2 Bund Zitronenmelisse
1 Eßl. Honig
1/2 Teel. Kreuzkümmel
1 Messerspitze Cayennepfeffer

Die Zucchini putzen, unter fließendem kaltem Wasser abspülen und gut abtropfen lassen.
Die Zwiebel abziehen, mit der Zucchini auf dem Küchenhobel fein reiben und in eine Schüssel geben.
Das Gemüse mit dem Zitronensaft beträufeln.
Das Weizenmehl und die Eier dazugeben und alles zu einem Teig verarbeiten.
Den Zucchiniteig mit Salz, Pfeffer kräftig würzen und die gehackten Kräuter untermischen.
Das Olivenöl in einer Pfanne erhitzen und portionsweise den Teig in das Fett geben.
Vorsichtig die Zucchinipuffer goldgelb ausbacken, herausnehmen und warm stellen.
Für den Zitronenjoghurt den Joghurt mit dem Zitronensaft, der verlesenen, gewaschenen und feingehackten Zitronenmelisse und dem Honig glattrühren. Den Joghurt mit Kreuzkümmel, Cayennepfeffer, Salz und Pfeffer kräftig würzen. Die Zucchinipuffer anrichten, den Zitronenjoghurt dazugeben, mit Kräuterzweigen garniert servieren.

KREMALI KEBAK

Zucchincreme

(4 Portionen)

20 g Butter
20 g Mehl
1/4 l Milch
2 mittelgroße Zucchini
Saft von 1 Zitrone
2 Eßl. Olivenöl
1 Knoblauchzehe
1/2 Glas Wasser
2 Eßl. Schimmelkäse
Salz
Pfeffer aus der Mühle
einige Tropfen Zitronensaft
1 Prise Cayennepfeffer
1 Prise Zucker
1/2 Bund Petersilie

Die Butter in einem Topf erhitzen und das Mehl einrühren.
Mit der kalten Milch auffüllen und zu einer sämigen Sauce verkochen.
Die geputzten Zucchini unter fließendem kaltem Wasser abspülen und gut trockentupfen.
Die Zucchini kleinschneiden und mit Zitronensaft beträufeln.
Das Olivenöl in einer Pfanne erhitzen und die feingehackte Knoblauchzehe darin andünsten.
Die Zucchinwürfel ins Knoblauchfett geben und andünsten. Mit Wasser ablöschen und bei mäßiger Hitze im verschlossenen Topf weichdünsten.
Anschließend das Gemüse im Mixer oder mit dem Pürierstab pürieren.
Den Käse in der warmen Milchsauce auflösen lassen.
Das Gemüsepüree und die Milchsauce miteinander vermischen.
Die Creme mit Salz, Pfeffer, Zitronensaft, Cayennepfeffer und Zucker kräftig würzen.
Die Zucchinicreme vollständig erkalten lassen und zum Schluß die verlesene, gewaschene und feingehackte Petersilie unterheben.
Die Zucchinicreme anrichten, mit Weißbrot oder Gemüsestückchen zum Stippen garniert servieren.

BADEMLI EKMEK EZMESI

Brotpaste mit Mandeln

(4 Portionen)

400 g säuerliches Weißbrot
1 Glas Milch
200 g Mandeln
2 Knoblauchzehen
1 Teel. Salz
Saft von 2 Zitronen
1 Tasse Olivenöl (120 ml)
Salz
Pfeffer aus der Mühle
1 Prise Zucker
2 Eßl. gehackte Zitronenmelisse
2 Eßl. gehackte Petersilie

Das Weißbrot entrinden, in eine Schüssel geben und mit der Milch einweichen.
Anschließend das Weißbrot mit den geschälten Mandeln und den mit Salz zerriebenen Knoblauchzehen sowie dem Zitronensaft im Mixer oder mit dem Pürierstab zu einer Paste pürieren.
Das Olivenöl tropfenweise unter die Paste ziehen. Die Paste mit Salz, Pfeffer und Zucker kräftig würzen.
Vor dem Servieren die Zitronenmelisse und die Petersilie unterheben und dekorativ anrichten.
Zur Brotpaste reicht man am besten Gemüse oder Salate, die sich zum Stippen eignen.

PEYNIRLI CEP BÖREGI

Gefüllte Schafskäsetaschen

(4 Portionen, Foto)

1 Packung Blätterteig
Mehl zum Ausrollen
2 Eßl. Olivenöl
1 Bund Frühlingszwiebeln
1 rote Paprikaschote
1 Peperoni
2 Tomaten
400 g Schafskäse
1 Bund Petersilie
Salz
Pfeffer aus der Mühle
1 Teel. Kreuzkümmel
1 Prise Cayennepfeffer
1 Eßl. geriebene Zitronenschale
1 – 2 Eiweiß
Öl zum Ausbacken

Den Blätterteig auf eine bemehlte Arbeitsfläche legen und je nach Geschmack große oder kleine Quadrate ausschneiden.
Für die Füllung das Olivenöl in einer Pfanne erhitzen. Die geputzten Frühlingszwiebeln und die Paprikaschote unter fließendem kaltem Wasser abspülen und gut abtropfen lassen. Die Frühlingszwiebeln und die Paprikaschote in feine Streifen oder Würfel schneiden, ins Olivenöl geben und kurz andünsten. Die feingehackte Peperoni dazugeben und kurz mitdünsten.
Das Gemüse von der Kochstelle nehmen und erkalten lassen.
Die enthäuteten, entkernten und in Würfel geschnittenen Tomaten sowie den kleingeschnittenen Schafskäse unter das Gemüse mischen.
Die Petersilie verlesen, waschen, gut abtropfen lassen, fein hacken und ebenfalls unterheben.
Die Füllung mit Salz, Pfeffer, Kreuzkümmel, Cayennepfeffer und Zitronenschale kräftig würzen.
Das Eiweiß mit etwas Wasser verschlagen und die Ränder der Teigplatten damit einstreichen.
Die Füllung gleichmäßig auf die Blätterteigquadrate verteilen und diese zu Taschen zusammenschlagen, die Ränder gut festdrücken.
Vor dem Servieren die Schafskäsetaschen schwimmend in Öl goldgelb ausbacken, herausnehmen, gut abtropfen lassen und kalt oder warm servieren.

FIRINDA KAŞAR PEYNIRLI SEBZE

Schmorpfanne

(4 Portionen)

1 Tasse Olivenöl (120 ml)	
2 Knoblauchzehen	
1 Teel. Salz	
1 Zwiebel	
1 rote Paprikaschote	
1 grüne Paprikaschote	
1 Zucchini	
1 kleine Aubergine	
1 Eßl. Salz	
1 Dose geschälte Tomaten	
½ Tasse Essig	
Saft von 1 Zitrone	
2 Eßl. Honig	
1 Teel. Thymian	
1 Teel. gemahlenen Kreuzkümmel	
Salz, Pfeffer aus der Mühle	
200 g geriebenen Kasar-Käse	
1 Bund Petersilie	

Das Olivenöl in einer Schmorpfanne erhitzen und die mit Salz zerriebenen Knoblauchzehen darin andünsten. Die Zwiebel abziehen, fein hacken, ins Knoblauchfett geben und kurz mitdünsten. Die Paprikaschoten halbieren, entkernen, unter fließendem kaltem Wasser abspülen, gut abtropfen lassen, in Würfel schneiden und zu den Zwiebeln geben. Die Zucchini putzen, unter fließendem kaltem Wasser abspülen, trockentupfen und ebenfalls in Würfel schneiden.

Die Aubergine putzen, in Würfel schneiden und mit Salz bestreuen. Im Kühlschrank mindestens 10 Minuten ziehen lassen.

Anschließend die Auberginenwürfel unter fließendem kaltem Wasser abspülen, gut abtropfen lassen, mit den Zucchiniwürfeln zum restlichen Gemüse geben.

Die geschälten Tomaten mit einer Gabel zerdrücken und unter das Gemüse heben.

Den Essig, den Zitronensaft, den Honig, den Thymian, den Kreuzkümmel unterrühren, mit Salz und Pfeffer würzen.

Den Schmortopf in den auf 180 Grad vorgeheizten Backofen schieben und 20 – 25 Minuten das Gemüse garen.

Anschließend den geriebenen Käse über das Gemüse streuen.

Bei 220 Grad 5 – 8 Minuten den Käse schmelzen lassen.

Danach das Gemüse anrichten, mit der verlesenen, gewaschenen und feingehackten Petersilie bestreut servieren.

ZEYTINLI PATLICAN ESMESI

Auberginenpaste mit Oliven (4 Portionen)

2 mittelgroße Auberginen
2 Eßl. Salz
Saft von 1 Zitrone
1 Tasse Olivenöl (120 ml)
2 Knoblauchzehen
1 Zwiebel
1 rote Paprikaschote
100 g schwarze Oliven
1 Peperoni
1 Glas Wasser
2 Eßl. Tomatenmark
250 g Joghurt
Salz, Pfeffer aus der Mühle
1 Prise Cayennepfeffer
1 Bund Petersilie
einige Tropfen Zitronensaft
1 Prise Zucker

Die Auberginen putzen, unter fließendem kaltem Wasser abspülen, gut abtropfen lassen und halbieren. Die Auberginenhälften mit Salz bestreuen und im Kühlschrank mindestens 10 Minuten ziehen lassen. Anschließend erneut unter fließendem kaltem Wasser abspülen und gut trockentupfen. Die Auberginen mit Zitronensaft beträufeln. Das Olivenöl in einem Topf erhitzen. Die feingehackten Knoblauchzehen dazugeben und kurz andünsten.
Die Auberginen ins Knoblauchfett geben und braten.
Die Zwiebel und die Paprikaschote putzen, in Würfel schneiden, mit den entkernten Oliven und der feingehackten Peperoni zu den Auberginen geben und kurz mitdünsten.
Das Gemüse im geschlossenen Topf so lange dünsten, bis sich die Auberginenschale lösen läßt.

Anschließend die Auberginen enthäuten, kleinschneiden und zum Gemüse geben.
Wasser angießen und das Tomatenmark unterrühren. Einmal aufkochen lassen und anschließend im Mixer oder mit dem Pürierstab pürieren.
Das Gemüsepüree erkalten lassen und erst dann den Joghurt unterziehen.
Die Paste mit Salz, Pfeffer, Cayennepfeffer kräftig würzen.
Die verlesene, gewaschene und feingehackte Petersilie untermischen und nochmals mit Zitronensaft aromatisieren.
Die Auberginenpaste anrichten und mit frischem Weißbrot servieren.

KIYMALI CEP BÖREḠI

Schwimmende Bäumchen

(4 Portionen, Foto)

1 Packung Blätterteig
Mehl zum Ausrollen
500 g Rinderhack
1 Zwiebel
1 Peperoni
2 Knoblauchzehen
1 Teel. Salz
1 Eßl. Paprikapulver edelsüß
2 Eßl. Tomatenmark
½ Bund Petersilie
Salz
Pfeffer aus der Mühle
1 – 2 Eiweiß
Olivenöl zum Ausbacken

Die Blätterteigscheiben auf eine bemehlte Arbeitsfläche legen.
Etwas Olivenöl in einer Pfanne erhitzen und das Rinderhack darin rundherum kräftig Farbe nehmen lassen.
Die Zwiebel abziehen, fein hacken, mit der gehackten Peperoni und den mit Salz zerriebenen Knoblauchzehen zum Fleisch geben und mitbraten. Das Fleisch mit Paprikapulver kräftig würzen.
Das Tomatenmark unterziehen und die verlesene, gewaschene und gehackte Petersilie unterrühren. Mit Salz und Pfeffer kräftig würzen.

Das Eiweiß mit etwas Wasser verschlagen.
Aus den Blätterteigscheiben kleine Rechtecke schneiden und die Rechtecke mit dem Eiweiß bestreichen.
Die Füllung gleichmäßig auf einer Seite der Länge nach auf die Rechtecke verteilen.
Nun die Rechtecke zusammenrollen und die Ränder gut festdrücken.
Je nach Geschmack sollen die schwimmenden Bäumchen etwa 8 – 15 cm lang sein.

Vor dem Servieren werden die Blätterteigröllchen in schwimmendem Olivenöl goldgelb ausgebacken und können warm oder kalt serviert werden.

DOMATES SALÇALI YAPRAK SARMASI

Gefüllte Weinblätter in Tomatensauce

(4 Portionen)

100 g frische oder eingelegte Weinblätter
1 Tasse Olivenöl (120 ml)
1 Bund Frühlingszwiebeln
2 Knoblauchzehen
1 Teel. Salz
1 Tasse Reis
100 g eingeweichte Korinthen
100 g Pinienkerne
200 ml Geflügelbrühe
Salz
Pfeffer aus der Mühle
1 Teel. geriebene Zitronenschale
½ Teel. Zimt
1 Messerspitze Cayennepfeffer
½ Bund Petersilie
2 Eßl. Olivenöl
1 Zwiebel
4 Tomaten
1 Teel. Thymian
Saft von 1 Zitrone

Die Weinblätter unter fließendem kaltem Wasser abspülen und gut abtropfen lassen.
Auf einer Arbeitsfläche auslegen.
Das Olivenöl in einem Topf erhitzen, die Frühlingszwiebeln putzen, unter fließendem kaltem Wasser abspülen, in dünne Streifen schneiden, mit den mit Salz zerriebenen Knoblauchzehen ins Olivenöl geben und glasig dünsten. Den Reis unter fließendem kaltem Wasser abspülen, gut abtropfen lassen, mit den Korinthen und den Pinienkernen zu den Frühlingszwiebeln geben und kurz andünsten.
Die Geflügelbrühe angießen, mit Salz, Pfeffer, der Zitronenschale, dem Zimt, dem Cayennepfeffer kräftig würzen und den Reis bei mäßiger Hitze etwa 20 – 25 Minuten ausquellen lassen. Während des Garens öfter umrühren.
Für die Tomatensauce das Olivenöl in einem Topf erhitzen und die geputzte und in feine Würfel geschnittene Zwiebel darin andünsten. Die Tomaten enthäuten, entkernen, in Würfel schneiden, zur Zwiebel geben. Mit Zitronensaft, Salz und Pfeffer würzen und einmal aufkochen lassen.
Die Reisfüllung gleichmäßig auf die Weinblätter verteilen danach die Weinblätter zusammenrollen und zusammendrehen. Eng aneinander in die Tomatensauce legen, damit sich die Weinblätter nicht auflösen können.
Am besten ist es, wenn Sie einen Teller darauflegen und so die Weinblätter auf den Boden treffen. Den Topf verschließen und bei mäßiger Hitze die Weinblätter 15 – 20 Minuten garen.
Nach Ende der Garzeit anrichten, die Sauce nochmals abschmecken und warm oder kalt servieren.

ÇOBAN SALATASI

Hirtensalat (4 Portionen)

1 Kopf grüner Salat
2 Tomaten, 1 rote Paprikaschote
1 grüne Paprikaschote
2 Zwiebeln, 50 g Oliven
100 g in Öl eingelegter Thunfisch
200 g Schafskäse
Saft von 2 Zitronen
½ Tasse Olivenöl (60 ml)
Salz, Pfeffer aus der Mühle
1 Bund Petersilie
100 g gehackte Haselnüsse

Den grünen Salat verlesen, unter fließendem kaltem Wasser abspülen und gut abtropfen lassen. Die Tomaten waschen, den Stielansatz herauslösen und achteln. Die Paprikaschoten halbieren, entkernen, unter fließendem kaltem Wasser abspülen, gut abtropfen lassen und in dünne Streifen oder Würfel schneiden. Die Zwiebeln abziehen und in feine Würfel schneiden. Die Oliven entkernen. Die Salatzutaten in eine Schüssel geben und vorsichtig miteinander vermischen. Den Thunfisch und den Schafskäse zerpflücken beziehungsweise kleinschneiden und über den Salat streuen. Den Salat mit Zitronensaft und Olivenöl beträufeln, mit Salz und Pfeffer würzen. Die verlesene, gewaschene und feingehackte Petersilie mit den Haselnüssen über den Salat streuen und den Salat sofort servieren.

DAMATES SALATASI

Tomaten-Gurken-Salat

(4 Portionen)

4 Tomaten
1 kleine Salatgurke
1 Zwiebel
Salz, Pfeffer aus der Mühle
200 g Feta Käse
1 Tasse Olivenöl (120 ml)
½ Tasse Essig
Saft von 1 Zitrone
1 Bund Schnittlauch

Die Tomaten und die Salatgurke unter fließendem kaltem Wasser abspülen und gut trockentupfen. Von den Tomaten den Stielansatz entfernen und die Tomaten in Scheiben schneiden. Die Salatgurke ebenfalls in Scheiben schneiden. Beides schichtweise auf einer Platte anrichten. Die Zwiebel abziehen und fein hacken, über die Tomaten und Gurken streuen. Das Gemüse mit Salz und Pfeffer kräftig würzen und den zerbröckelten oder kleingeschnittenen Feta Käse darübergeben. Das Ganze mit Olivenöl, Essig und Zitronensaft beträufeln. Den Salat im Kühlschrank mindestens 10 – 15 Minuten ziehen lassen. Vor dem Servieren die Tomaten- und Gurkenscheiben nochmals wenden, mit Salz und Pfeffer würzen und mit frisch geschnittenem Schnittlauch bestreuen.

ZEYTINLI PATLICAN EZMESI

Auberginenpaste mit Oliven

(4 Portionen)

2 mittelgroße Auberginen
2 Eßl. Salz
Saft von 1 Zitrone
1 Tasse Olivenöl (120 ml)
2 Knoblauchzehen
1 Zwiebel
1 rote Paprikaschote
100 g schwarze Oliven
½ Tasse Wasser
½ Tasse Zitronensaft
2 Eßl. Tomatenmark
250 g Joghurt
Salz
Pfeffer aus der Mühle
1 Prise Cayennepfeffer
1 Bund Petersilie
1 Prise Zucker

Die Auberginen putzen, unter fließendem kaltem Wasser abspülen, gut abtropfen lassen und halbieren. Die Auberginenhälften mit Salz bestreuen und im Kühlschrank mindestens 10 Minuten ziehen lassen. Anschließend erneut unter fließendem kaltem Wasser abspülen und gut trockentupfen.
Die Auberginen mit Zitronensaft beträufeln.
Das Olivenöl in einem Topf erhitzen. Die feingehackten Knoblauchzehen dazugeben und kurz andünsten.
Die Auberginen ins Knoblauchfett geben und braten.
Die Zwiebel abziehen, die Paprikaschote putzen, waschen, beide Zutaten in Würfel schneiden, mit den entkernten Oliven zu den Auberginen geben und kurz mitdünsten.
Das Gemüse im geschlossenen Topf so lange dünsten, bis sich die Auberginenschale lösen läßt.
Anschließend die Auberginen enthäuten, kleinschneiden und zum Gemüse geben.
Das Wasser und den Zitronensaft angießen und das Tomatenmark unterrühren.
Einmal aufkochen lassen und anschließend im Mixer oder mit dem Pürierstab pürieren.
Das Gemüse erkalten lassen und erst dann den Joghurt unterziehen.
Die Paste mit Salz, Pfeffer, Cayennepfeffer kräftig würzen.
Die verlesene, gewaschene und feingehackte Petersilie untermischen und nochmals mit Zitronensaft aromatisieren.
Die Auberginenpaste anrichten und mit frischem Weißbrot servieren.

CEVIZ SOSLU MIDYE TAVASI

Gebratene Muscheln in Walnußsauce

(4 Portionen)

2 kg Miesmuscheln
1 Tasse Olivenöl (120 ml)
4 Knoblauchzehen
2 Zwiebeln
2 Karotten
1 kleine Stange Lauch
1 Lorbeerblatt
1 Zweig Thymian
3/4 l Gemüsebrühe
1/8 l Zitronensaft
Salz
Pfeffer aus der Mühle
2 Tassen Mehl
Olivenöl zum Braten
100 g Walnüsse
4 Scheiben entrindetes Toastbrot
200 g Joghurt

Die Miesmuscheln unter fließendem kaltem Wasser mit der Küchenbürste kräftig abbürsten und säubern. Das Olivenöl in einem Topf erhitzen und die feingehackten Knoblauchzehen darin andünsten.
Die Zwiebeln abziehen, die Karotten und den Lauch putzen, waschen, in mundgerechte Stücke schneiden, ins Knoblauchfett geben und kurz andünsten.
Das Lorbeerblatt und den Thymian dazugeben.
Mit der Gemüsebrühe sowie dem Zitronensaft auffüllen und das Ganze zum Kochen bringen.
Den Sud mit Salz und Pfeffer kräftig würzen und die Miesmuscheln portionsweise garen.
Die geöffneten Muscheln aus dem Sud nehmen, gut abtropfen lassen und das Muschelfleisch herauslösen.
Das Muschelfleisch in Mehl wenden. Das Olivenöl in einer Pfanne erhitzen und das Fleisch darin kurz braten.
Für die Sauce die Walnüsse mit 1/4 l Muschelsud und dem Gemüse aus dem Sud in einen Mixer geben und pürieren.
Das entrindete und im Muschelsud eingeweichte Toastbrot in die Sauce geben und kurz durchmixen.

Den Joghurt unter die Sauce ziehen, die gebratenen Muscheln anrichten, die Walnußsauce nochmals mit Salz, Pfeffer und Zitronensaft abschmecken, zu den gebratenen Muscheln geben und servieren.

Çorbalar
Suppen

SEBZELI KURUFASULYE

Bohnensuppe mit Gemüse

(4 Portionen, Foto S. 38/39)

400 g weiße Bohnen
Salzwasser
2 – 3 Eßl. Olivenöl
1 Knoblauchzehe
1 Zwiebel
2 Karotten
1 Stück Staudensellerie
2 Eßl. Tomatenmark
750 ml (3/4 l) Gemüsebrühe oder Rindfleischbrühe
1 Zweig Thymian
1 Eßl. Paprikapulver
1 Eßl. geriebene Zitronenschale
Salz
Pfeffer aus der Mühle
1 Prise Cayennepfeffer
1 Prise Zucker
4 Scheiben Weißbrot
2 hartgekochte Eier
1/2 Bund Petersilie

Die weißen Bohnen in eine Schüssel geben, mit Salzwasser angießen und über Nacht einweichen.
Am nächsten Tag das Olivenöl in einem Topf erhitzen und die abgezogene und feingehackte Knoblauchzehe darin andünsten. Die Zwiebel abziehen, die Karotten und den Staudensellerie putzen, waschen, die Zutaten in feine Würfel schneiden, ins Knoblauchfett geben und mitdünsten.
Das Tomatenmark unterrühren und mit der Gemüse- oder Rindfleischbrühe auffüllen.
Den Thymian in die Suppe geben, mit Paprikapulver, der Zitronenschale, Salz, Pfeffer, Cayennepfeffer und Zucker kräftig würzen.
Die weißen Bohnen gut abtropfen lassen, in die Suppe geben und bei mäßiger Hitze 30 – 40 Minuten garen.
Nach Ende der Garzeit die Bohnensuppe nochmals kräftig abschmecken.
Das entrindete und feingehackte Weißbrot unter die Suppe ziehen und ausquellen lassen.
Die Eier pellen, fein hacken und mit der verlesenen und feingehackten Petersilie vermischen.
Die Bohnensuppe anrichten, mit den gekräuterten Eiern bestreuen und servieren.

TELŞEHRIYELI ACILI SEBZE ÇORBASI

Scharfe Gemüsesuppe mit Fadennudeln

(4 Portionen)

2 – 3 Eßl. Olivenöl
1 Zwiebel
1 Stück Lauch
1 Stück Staudensellerie
2 Karotten
200 g Weißkohl
1 Peperoni
1 l Gemüse- oder Lammbrühe
1 Zweig Thymian
1 Lorbeerblatt
Salz
Pfeffer aus der Mühle
1 Prise Cayennepfeffer
1 Prise Muskat
1 Prise Zucker
50 g Fadennudeln
1 Bund Petersilie
1 Tasse Crème fraîche
3 Eigelb

Das Olivenöl in einem Topf erhitzen. Die abgezogenene und feingehackte Zwiebel ins Fett geben und andünsten.
Den Lauch, den Staudensellerie, die Karotten und den Weißkohl putzen, unter fließendem kaltem Wasser abspülen, gut abtropfen lassen, in feine Streifen schneiden, zu den Zwiebeln geben und kurz mitdünsten. Die Peperoni fein hacken und unter das Gemüse mischen.
Mit der Gemüse- oder Lammbrühe auffüllen und zum Kochen bringen. Den Thymian und das Lorbeerblatt dazugeben. Die Gemüsesuppe mit Salz, Pfeffer, Cayennepfeffer und Muskat sowie Zucker kräftig würzen und bei mäßiger Hitze 15 – 20 Minuten köcheln lassen.
Anschließend die Fadennudeln unter die Suppe ziehen und bei mäßiger Hitze ausquellen lassen. Nach Ende der Garzeit die verlesene, gewaschene und feingehackte Petersilie unterrühren und die Suppe nochmals kräftig abschmecken.
Die Crème fraîche mit den Eigelben von der Kochstelle nehmen und mit der Eigelbcreme legieren. Nochmals abschmecken, anrichten und servieren.

KIRMIZI MERCIMEKLI TAVUK ÇORBASI

Geflügelsuppe mit roten Linsen

(4 Portionen, Foto)

- **2 Hähnchenbrustfilets**
- **½ Tasse Olivenöl (60 ml)**
- **1 Knoblauchzehe**
- **1 Zwiebel**
- **1 rote Paprikaschote**
- **1 Peperoni**
- **2 Tassen rote Linsen**
- **2 – 3 Eßl. Weizenmehl**
- **750 ml (¾ l) Geflügelbrühe**
- **Saft von 1 Zitrone**
- **1 Teel. Paprikapulver**
- **Salz**
- **Pfeffer aus der Mühle**
- **1 Zweig Thymian**
- **1 Lorbeerblatt**
- **4 Scheiben Weißbrot**
- **Olivenöl zum Rösten**
- **100 g geriebenen Käse**

Die Hähnchenbrustfilets unter fließendem kaltem Wasser abspülen, gut abtropfen lassen und in kleine Würfel schneiden.

Das Olivenöl in einem Topf erhitzen und das Hähnchenfleisch darin rundherum Farbe nehmen lassen. Die Knoblauchzehe und die Zwiebel abziehen, fein hacken, zum Fleisch geben und kurz mitbraten.

Die Paprikaschote halbieren, entkernen, unter fließendem kaltem Wasser abspülen, trockentupfen, in Würfel schneiden, mit der feingehackten Peperoni zum Fleisch geben und kurz mitdünsten.

Die Linsen unter fließendem kaltem Wasser abspülen, gut abtropfen lassen, zum Fleisch geben.

Das Weizenmehl unterrühren und mit der Gemüse- oder Geflügelbrühe auffüllen.

Die Suppe zum Kochen bringen, mit Zitronensaft, Paprikapulver, Salz und Pfeffer würzen.

Den Thymianzweig und das Lorbeerblatt in die Suppe geben und bei mäßiger Hitze die Linsen 40 – 50 Minuten ausquellen lassen.

Das Weißbrot in kleine Würfel schneiden und im Olivenöl goldgelb rösten.

Nach Ende der Garzeit die Suppe nochmals kräftig abschmecken, sehr heiß anrichten, mit dem Käse und den Weißbrotwürfeln bestreuen und sofort servieren.

YOGURTLU PATATES ÇORBASI

Kartoffelsuppe mit Joghurt

(4 Portionen)

2 Eßl. Olivenöl
1 Zwiebel
500 g Kartoffeln
1 Teel. Thymian
Salz
Pfeffer aus der Mühle
½ l Gemüse- oder Geflügelbrühe
1 Lorbeerblatt
1 Prise Muskat
150 g Joghurt
3 Eigelb
1 Bund Petersilie

Das Olivenöl in einem Topf erhitzen und die abgezogene und feingehackte Zwiebel darin andünsten.
Die Kartoffeln schälen, in Würfel schneiden, zur Zwiebel geben und kurz mitdünsten. Die Kartoffeln mit Thymian, Salz und Pfeffer würzen und mit der Gemüse- oder Geflügelbrühe auffüllen.
Das Lorbeerblatt dazugeben. Mit Muskat aromatisieren und bei mäßiger Hitze 15 – 20 Minuten köcheln lassen. Nach Ende der Garzeit das Lorbeerblatt herausnehmen und die Suppe im Mixer oder mit dem Pürierstab pürieren.
Das Gemüsepüree in einen Topf geben und nochmals erhitzen.
Den Joghurt und das Eigelb miteinander verrühren.
Die Suppe von der Kochstelle nehmen und mit dem Eigelbjoghurt legieren. Die Kartoffelsuppe nochmals kräftig abschmecken.
Die verlesene, gewaschene und feingehackte Petersilie unterziehen, anrichten und servieren.

DOMATES SOĞAN ÇORBASI

Tomaten-Zwiebel-Suppe

(4 Portionen)

½ Tasse Olivenöl (60 ml)
1 Knoblauchzehe
1 Teel. Salz
4 Zwiebeln
2 Eßl. Tomatenmark
4 – 6 Tomaten
¾ l Gemüse- oder Geflügelbrühe
einige Tropfen Zitronensaft
1 Prise Zucker
4 Eßl. Olivenöl
1 Knoblauchzehe
4 Scheiben Weißbrot
½ Bund Petersilie

Das Olivenöl in einem Topf erhitzen und die mit Salz zerriebene Knoblauchzehe darin andünsten.
Die Zwiebeln abziehen, in feine Streifen schneiden, ins Knoblauchfett geben und andünsten, das Toma-

tenmark unterrühren. Die enthäuteten, entkernten und in Würfel geschnittenen Tomaten zu den Zwiebeln geben und kurz mitdünsten. Das Ganze mit der Gemüse- oder Geflügelbrühe auffüllen.
Die Suppe mit Zitronensaft und Zucker kräftig würzen. Den Topf verschließen und bei mäßiger Hitze 10 – 15 Minuten köcheln lassen. In der Zwischenzeit das Olivenöl in einer Pfanne erhitzen und die sehr feingehackte Knoblauchzehe darin andünsten.
Das Weißbrot in Würfel schneiden und im Knoblauchfett goldgelb braten.
Herausnehmen und mit der verlesenen, gewaschenen und feingehackten Petersilie vermischen.
Vor dem Servieren die Tomaten-Zwiebel-Suppe nochmals kräftig abschmecken, anrichten, mit den gekräuterten Toastbrotwürfeln bestreut servieren.

SARMISAK ÇORBASI

Knoblauchsuppe

(4 Portionen)

30 g Butter
4 Knoblauchzehen
1 Teel. Salz
2 Zwiebeln
30 g Mehl
½ l Gemüse- oder Fleischbrühe
Saft von 1 Zitrone
Salz
Pfeffer aus der Mühle
1 Prise Cayennepfeffer
2 Eßl. Honig
2 – 3 Eßl. Mandelblättchen
1 Eßl. Olivenöl
2 – 3 Eßl. gehackte Petersilie

Die Butter in einem Topf erhitzen und die mit Salz zerriebenen Knoblauchzehen darin andünsten. Die Zwiebeln abziehen, fein hacken, ins Knoblauchfett geben und andünsten. Die Zwiebeln mit der Gemüse- oder Rindfleischbrühe auffüllen und alles gut verrühren.
Die Suppe bei mäßiger Hitze 10 – 15 Minuten köcheln lassen.
Anschließend die Knoblauchsuppe mit Zitronensaft, Salz, Pfeffer und Cayennepfeffer kräftig würzen und mit Honig süßen. Die Knoblauchsuppe von der Kochstelle nehmen.
Die Mandelblättchen in etwas Olivenöl goldgelb rösten und mit der gehackten Petersilie vermischen.
Die Knoblauchsuppe nochmals abschmecken, anrichten und mit den gekräuterten Mandeln bestreut servieren.

Tip:
Die Knoblauchsuppe mit Mehl binden, kleingeschnittene Fleischreste hinzugeben.

YAYLA ÇORBASI

Reissuppe mit Pfefferminze

(4 Portionen, Foto)

2 Eßl. Olivenöl
1 Zwiebel
1 Stück Lauch
100 g Reis
½ l Kalbsbrühe
1 Lorbeerblatt
1 Zweig Rosmarin
Salz
Pfeffer aus der Mühle
1 Prise Muskat
100 ml Milch
1 Eßl. Milch
2 – 3 Eigelb
100 ml Joghurt
1 Bund frische Pfefferminze

Das Olivenöl in einem Topf erhitzen. Die abgezogene und feingehackte Zwiebel ins Fett geben und andünsten. Den Lauch putzen, unter fließendem kaltem Wasser abspülen, gut abtropfen lassen, in feine Streifen schneiden, zur Zwiebel geben und kurz mitdünsten.
Den Reis unter fließendem kaltem Wasser abspülen, gut abtropfen lassen, zum Gemüse geben. Mit der Kalbsbrühe auffüllen. Das Lorbeerblatt und den Rosmarin dazugeben. Mit Salz, Pfeffer und Muskat kräftig würzen.
Die Suppe bei mäßiger Hitze 20 – 25 Minuten köcheln lassen.
Die Milch und das Mehl miteinander anrühren, in die Suppe geben und einmal aufkochen lassen.
Das Eigelb und den Joghurt miteinander verrühren.
Die Suppe von der Kochstelle nehmen und mit dem Eierjoghurt legieren. Die Reissuppe nochmals kräftig abschmecken.
Vor dem Servieren die verlesene, gewaschene und feingehackte Pfefferminze unter die Suppe heben.

Et Fleisch

DOMATES KEBABI FIRINDAN

Tomaten-Kebap aus dem Ofen

(4 Portionen, Foto S. 48/49)

800 g Rindfleisch
Salz
Pfeffer aus der Mühle
1 Tasse Olivenöl (120 ml)
2 Knoblauchzehen
1 Teel. Salz
1 Peperoni
1 Eßl. Majoran
1 Eßl. Zitronenschale
1 Teel. gemahlenen Kreuzkümmel
2 Zwiebeln
6 – 8 Tomaten
250 ml (1/4 l) Fleischbrühe
1 Zweig Basilikum

Das Rindfleisch unter fließendem kaltem Wasser abspülen und trockentupfen. Das Fleisch in mundgerechte Würfel schneiden, mit Salz und Pfeffer kräftig würzen. Das Olivenöl in eine Schüssel geben.
Die Knoblauchzehen mit dem Salz zerreiben. Die feingehackte Peperoni mit dem Majoran, der Zitronenschale und dem Kümmel in das Öl rühren. Das Gewürzöl zum Fleisch geben und das Ganze gut einmassieren.
Das Fleisch im Kühlschrank mindestens über Nacht marinieren. Am nächsten Tag das Fleisch in einen Topf kräftig Farbe nehmen lassen.
Die abgezogenen Zwiebeln in Würfel schneiden, zum Fleisch geben und kurz mitdünsten.
Die Tomaten enthäuten, entkernen, in Würfel schneiden und zum Fleisch geben. Die Fleischbrühe angießen, den Basilikumzweig dazugeben, den Topf verschließen und im auf 180 Grad vorgeheizten Backofen 80 – 90 Minuten schmoren lassen. Nach Ende der Garzeit das Tomaten-Kebap nochmals kräftig abschmecken, je nach Geschmack mit Cayennepfeffer schärfen, anrichten und mit gehackter Petersilie bestreut servieren.

KIZARTILMIŞ DANA KÖFTESI

Gegrillte Kalbsfrikadellen

(4 Portionen)

600 g Kalbfleisch aus der Schulter
2 Zwiebeln
1 Tasse gekochten Reis
1 Teel. Thymian
2 – 3 Eßl. geriebenen Käse
2 – 3 Eßl. gehackte Petersilie
Salz
Pfeffer aus der Mühle
2 Eier
Semmelbrösel zum Binden
1 Tasse Olivenöl (120 ml)
1 Teel. Salz

Das Kalbfleisch unter fließendem kaltem Wasser abspülen und gut trockentupfen. In mundgerechte Würfel schneiden.
Die Zwiebeln abziehen und klein schneiden. Das Kalbfleisch mit den Zwiebeln durch die feine Scheibe des Fleischwolfs drehen. In eine Schüssel geben.
Den gekochten Reis mit dem Thymian, dem Käse und der Petersilie zum Fleisch geben und alles gut miteinander vermischen.
Das Hackfleisch mit Salz, Pfeffer und Cayennepfeffer kräftig abschmecken. Die Eier verschlagen, zum Fleisch geben und gut untermischen.
Das Hackfleisch mit Semmelbrösel je nach Bedarf binden.
Aus der Fleischmasse mit feuchten Händen kleine Röllchen formen und die Röllchen leicht plattdrücken.
Das Olivenöl mit dem Salz verrühren und die Kalbsfrikadellen damit einstreichen.
Die Kalbsfrikadellen auf dem Grill garen.
Falls Sie die Kalbsfrikadellen in der Pfanne garen wollen, so verwenden Sie hierfür das Gewürzöl.

KOYUN ETLI BAMYA

Hammelragout mit Okra

(Foto S. 53)

1,5 kg Hammelkeule (ohne Knochen)
2 Gemüsezwiebeln
4 Fleischtomaten
1 Bund glatte Petersilie
125 ml (1/8 l) Olivenöl
750 ml (3/4 l) Fleischbrühe
250 g Okraschoten
2 Knoblauchzehen
Salz, Pfeffer

Hammelkeule abspülen, trockentupfen und in etwa 4 cm große Würfel schneiden. Gemüsezwiebeln abziehen, in Achtel schneiden und zerteilen. Die Tomaten waschen, Stengelsansätze entfernen, Tomaten in Achtel schneiden. Petersilie abspülen, trockentupfen, die Blättchen von den Stengeln zupfen, fein hacken. Das Öl erhitzen und das Fleisch darin von allen Seiten anbraten. Zwiebeln und Tomaten dazugeben und etwa 10 Minuten dünsten. Die gehackte Petersilie und die Fleischbrühe hinzufügen und etwa 45 Minuten schmoren. Okraschoten waschen und die Stiele entfernen. Knoblauch abziehen, durch die Presse drücken. Okra und Knoblauch dazugeben und nochmals 15-20 Minuten schmoren. Zuletzt mit Salz und Pfeffer abschmecken. Reis dazu reichen.

SEBZELI TAVUK BUDU

Hähnchenkeulen im Gemüsenest

(4 Portionen)

4 Hähnchenkeulen
Salz
Pfeffer aus der Mühle
1 Eßl. Paprikapulver
1 Tasse Olivenöl (120 ml)
1 Zwiebel
1 rote Paprikaschote
1 grüne Paprikaschote
1 Zucchini
200 g grüne Bohnen
250 g Kartoffeln
1 große Dose geschälte Tomaten
1 Teel. Thymian
1 Tasse Gemüse- oder Geflügelbrühe
200 g Joghurt
2 Knoblauchzehen
1 Teel. Salz
Saft von 1 Zitrone
1 Bund Zitronenmelisse

Die Hähnchenkeulen unter fließendem kaltem Wasser abspülen, gut abtropfen lassen und trockentupfen. Die Hähnchenkeulen mit Salz, Pfeffer, Paprikapulver kräftig würzen. Das Olivenöl in einem Schmortopf erhitzen und die Hähnchenkeulen darin rundherum kräftig Farbe nehmen lassen, herausnehmen und bereitstellen.

Die Zwiebel abziehen, in Würfel schneiden, ins verbliebene Bratfett geben und glasig dünsten. Die Paprikaschoten halbieren, entkernen, unter fließendem kaltem Wasser abspülen, gut abtropfen lassen, in Würfel schneiden und zu den Zwiebeln geben. Die Zucchini putzen, waschen, in Würfel schneiden, mit den geputzten und kleingeschnittenen Bohnen sowie den geschälten und in Würfel geschnittenen Kartoffeln zum restlichen Gemüse geben und kurz mitdünsten.

Die geschälten Tomaten durch ein Sieb streichen und zum Gemüse geben. Den Thymian unterrühren und mit der Brühe angießen. Die Hähnchenkeulen auf das Gemüse legen, den Schmortopf verschließen und bei 180 Grad im Backofen 30 – 40 Minuten schmoren lassen. Nach Ende der Garzeit die Hähnchenkeulen herausnehmen, das Gemüse nochmals kräftig abschmecken. Den Joghurt mit den mit Salz zerriebenen Knoblauchzehen, dem Zitronensaft glattrühren, mit Salz und Pfeffer kräftig würzen. Die Hähnchenkeulen in die Mitte einer großen Platte legen und das Gemüse rundherum gleichmäßig verteilen. Den Joghurt auf das Gemüse gießen. Die verlesene, gewaschene und kleingeschnittene Zitronenmelisse darüberstreuen und sofort servieren.

Rezept zum Foto Seite 51

KIZARTILMIŞ SIQIRKUŞBAŞI SEBZELI

Geschmorte Rinderwürfel mit Gemüse

(4 Portionen)

600 g Rindfleisch
Salz
Pfeffer aus der Mühle
1 Eßl. Paprikapulver
1 Teel. gemahlenen Kreuzkümmel
1 Tasse Olivenöl (120 ml)
2 Knoblauchzehen
1 Teel. Salz
2 Zwiebeln
1 Tasse Gemüse- oder Fleischbrühe
1 Dose geschälte Tomaten
1 Lorbeerblatt
1 Zweig Thymian
1 Aubergine
1 Zucchini
1 rote Paprikaschote
1 grüne Paprikaschote
125 g Joghurt
einige Tropfen Zitronensaft
½ Bund Petersilie

Das Rindfleisch unter fließendem kaltem Wasser abspülen, gut abtropfen lassen und in Würfel schneiden. Das Fleisch mit Salz, Pfeffer, Paprikapulver und Kreuzkümmel kräftig würzen. Das Olivenöl in einem Topf erhitzen und die mit Salz zerriebenen Knoblauchzehen darin andünsten.
Das Fleisch ins Knoblauchfett geben und rundherum kräftig Farbe nehmen lassen.
Die Zwiebeln abziehen, in feine Würfel schneiden, zum Fleisch geben und kurz mitdünsten. Mit Gemüse- oder Fleischbrühe ablöschen.
Die geschälten Tomaten mit einer Gabel zerdrücken und zum Fleisch geben.
Das Lorbeerblatt und den Thymianzweig dazugeben.
Den Topf verschlossen in den auf 180 Grad vorgeheizten Backofen schieben und 50 – 60 Minuten garen.
In der Zwischenzeit die Auberginen vorbereiten und in Würfel schneiden.
Die Zucchini putzen und ebenfalls würfeln.
Die Paprikaschoten halbieren, entkernen, unter fließendem Wasser abspülen, gut abtropfen lassen und in Würfel schneiden.
Das Gemüse zum Fleisch geben, je nach Bedarf etwas Fleischbrühe angießen und weitere 30 – 40 Minuten schmoren. Nach Ende der Garzeit die geschmorten Rinderwürfel nochmals kräftig abschmecken.
Den Joghurt mit Salz, Pfeffer und Zitronensaft kräftig würzen.
Das Gericht anrichten und mit je einem Klacks Zitronenjoghurt überziehen, mit frisch gehackter Petersilie bestreut servieren.

YOĞURTLU ROSTO

Gespickter Rinderbraten mit Joghurtkruste

(4 Portionen)

1 kg Rinderbraten
2 Karotten
Salzwasser
1 Zwiebel
1 Bund Suppengrün
1 Zweig Rosmarin
1 Zweig Thymian
2 Knoblauchzehen
1 Eßl. Kümmel
1 – 1 ½ Tassen Essig
1 Prise Zucker
2 Eßl. Olivenöl
125 g Joghurt
2 Eßl. Tomatenmark
einige Tropfen Zitronensaft
Salz
Pfeffer aus der Mühle
1 ½ Bund Petersilie

Den Rinderbraten unter fließendem kaltem Wasser abspülen und gut trockentupfen. Die Karotten schälen, in dicke Stifte schneiden und den Rinderbraten damit spicken.
Salzwasser in einem Topf zum Kochen bringen und das Rindfleisch hineingeben.
Bei mäßiger Hitze 5 – 6 Minuten köcheln lassen und erst dann die abgezogenen und kleingeschnittenen Zwiebeln sowie das geputzte, gewaschene und kleingeschnittene Suppengrün zum Fleisch geben.
Den Rosmarin und den Thymian mit den feingehackten Knoblauchzehen, dem Kümmel und dem Essig dazugeben.
Mit einer Prise Zucker aromatisieren und das Fleisch bei mäßiger Hitze 90 – 100 Minuten garen lassen. Nach Ende der Garzeit das Fleisch herausnehmen und gut abtropfen lassen.
Olivenöl in einem Bräter erhitzen und das Fleisch darin rundherum Farbe nehmen lassen.
Den Joghurt mit dem Tomatenmark glattrühren, mit Zitronensaft, Salz und Pfeffer kräftig würzen, das Fleisch mit dem Joghurt bestreichen.
Im Ofen, unter dem Grill oder auf offenem Feuer solange garen, bis der Braten eine Kruste bekommen hat.
Anschließend das Fleisch anrichten und mit frisch gehackter Petersilie bestreut servieren.

FIRINDA HARDALLI KUZU BUDU

Lammkeule vom Rost mit Senfkruste

(4 Portionen, Foto)

1 kg Lammkeule ohne Knochen
500 ml (1/2 l) Fleischbrühe
125 ml (1/8 l) Rotweinessig
500 ml (1/2 l) Wasser
1 Lorbeerblatt
1 Zweig Rosmarin
1 Zweig Thymian
1 Zweig Basilikum
1 Zitrone
1 Orange
1 Zwiebel
1 Bund Suppengemüse
1 Tasse Olivenöl (120 ml)
1 Knoblauchzehe
1 Teel. Salz
1 Tasse mittelscharfen Senf
1 Teel. Thymian
1 Teel. Majoran

Die Lammkeule unter fließendem kaltem Wasser abspülen, gut trockentupfen.
Die Fleischbrühe mit dem Rotweinessig, dem Wasser, dem Lorbeerblatt, den Kräuterzweigen in einen Steinguttopf geben und die Lammkeule einlegen.
Die gewaschene Zitrone und Orange halbieren und ebenfalls in den Sud legen. Die Zwiebeln abziehen, das Suppengemüse waschen, beide Zutaten klein schneiden, in den Sud geben, den Steinguttopf verschließen, im Kühlschrank oder an einem kühlen Ort mindestens 2 Tage das Fleisch marinieren lassen.
Anschließend das Fleisch herausnehmen, gut trockentupfen, mit Salz und Pfeffer kräftig würzen und auf dem Rost (aber auch im Schmortopf) garen.
Das Olivenöl mit den mit Salz zerriebenen Knoblauchzehen vermischen und während der Garzeit die Lammkeule damit öfter einstreichen.
Den Senf mit dem Thymian und dem Majoran verrühren.
Kurz vor Garende die ganze Lammkeule mit dem Senf bestreichen und nochmals Farbe nehmen lassen.
Die Lammkeule in Scheiben schneiden, anrichten und servieren.

FILOTO ŞIŞ

Marinierter Filetspieß

(4 Portionen)

600 g Rinderfilet
1 Tasse Olivenöl (120 ml)
1 Zwiebel
1 Peperoni
2 Knoblauchzehen
1 Teel. Salz
1 Eßl. Oregano
1 Eßl. Paprikapulver
2 Zwiebeln
1 rote Paprikaschote
1 grüne Paprikaschote
Salz
Pfeffer aus der Mühle
1 Bund Schnittlauch

Das Rinderfilet unter fließendem kaltem Wasser abspülen und gut trockentupfen. Das Fleisch in mundgerechte Würfel schneiden und in eine Schüssel geben. Das Olivenöl in eine kleine Schüssel geben und die abgezogene Zwiebel in das Öl reiben. Die Peperoni sehr fein hacken, die Knoblauchzehen abziehen, mit dem Salz zerreiben und beides mit dem Oregano und dem Paprikapulver unter das Öl rühren.
Die Marinade über das Fleisch geben und kräftig einmassieren. Das Fleisch im Kühlschrank mindestens 2 – 3 Stunden marinieren lassen.
In der Zwischenzeit die Zwiebeln abziehen und grob würfeln.
Die Paprikaschoten halbieren, entkernen und unter fließendem kaltem Wasser abspülen und abtropfen lassen.
Anschließend das Fleisch abwechselnd mit den Zwiebelwürfeln und den Paprikawürfeln auf Spieße stecken. Die Spieße mit Salz und Pfeffer kräftig würzen und auf dem offenen Feuer oder in der Pfanne mit etwas Öl braten.
Die marinierten Filetspieße anrichten und mit frisch geschnittenem Schnittlauch bestreut servieren.

KIZARTILMIŞ DANA ETI SÜT IÇINDE

Geschmortes Kalbfleisch in Milch

(4 Portionen)

600 g Kalbfleisch
Salz
Pfeffer aus der Mühle
1 Teel. gemahlenen Kreuzkümmel
½ Tasse Olivenöl (60 ml)
1 Zwiebel
2 Karotten
1 Stück Lauch
500 ml (½) l Milch
4 – 6 Tomaten
1 Teel. Oregano
1 Teel. Basilikum
½ Bund Petersilie

Das Kalbfleisch unter fließendem kaltem Wasser abspülen und gut trockentupfen.
Das Fleisch mit Salz, Pfeffer und dem Kreuzkümmel kräftig würzen.
Das Olivenöl in einem Schmortopf erhitzen und das Kalbfleisch darin rundherum kräftig Farbe nehmen lassen.
Die Zwiebel, die Karotten und den Lauch putzen, in kleine Würfel schneiden, zum Fleisch geben und kurz mitdünsten.
Die Milch angießen, den Topf verschließen und bei 180 Grad 60 – 70 Minuten schmoren lassen.
Je nach Bedarf mit etwas Kalbs- oder Geflügelbrühe aufgießen. Anschließend die enthäuteten, entkernten und in feine Würfel geschnittenen Tomaten mit dem Oregano und dem Basilikum unter die Sauce rühren.
Die Sauce auf der Kochstelle nochmals kurz einreduzieren lassen.
Das Fleisch in Scheiben schneiden, anrichten, mit der Sauce überziehen und mit der verlesenen, gewaschenen und fein gehackten Petersilie bestreut servieren.

TÜRK PILAV

Türkischer Pilaw

(Foto, S. 61)

4 Hähnchenbrüste
1 Gemüsezwiebel
2 rote Paprikaschoten
4 Eßl. Olivenöl
250 g Reis
100 g Rosinen
500 ml (½ l) Hühnerbrühe
0,2 g Safran
Ingwerpulver
Salz
Pfeffer

Die Hähnchenbrustfilets abspülen, trockentupfen, auslösen und in Stücke schneiden. Zwiebel abziehen und würfeln. Paprikaschoten putzen, waschen und würfeln. Olivenöl erhitzen und die Hähnchenstücke darin anbraten. Zwiebel und Paprika dazugeben und mitbraten.
Reis und Rosinen unterrühren, die Brühe angießen und mit Safran, Inwerpulver, Salz und Pfeffer würzen.
Den Pilaw etwa 30 Minuten bei schwacher Hitze kochen lassen.

BIBERLI KIZARTILMIŞ KUZU ETI

Geröstetes Lamm mit Paprika

(4 Portionen)

600 g Lammrücken
1 Tasse Olivenöl (120 ml)
Salz
Pfeffer aus der Mühle
2 Knoblauchzehen
1 Teel. Salz
1 Peperoni
1 Teel. Thymian
1 Teel. gemahlenen Kreuzkümmel
2 Zwiebeln
1 rote Paprikaschote
1 grüne Paprikaschote
3 – 4 Tomaten
125 g Joghurt
1 Bund Basilikum

Den Lammrücken unter fließendem kaltem Wasser abspülen und gut trockentupfen. Den Lammrücken in feine Würfel oder Streifen schneiden.
Die Fleischstreifen in eine Schüssel geben und mit Olivenöl beträufeln. Das Ganze mit Salz und Pfeffer kräftig würzen.
Die Knoblauchzehen abziehen, mit dem Salz zu einer Paste zerreiben.
Die Peperoni fein hacken.
Die Knoblauchpaste mit der Peperoni, der Zitronenschale, dem Thymian und dem Kreuzkümmel vermischen, zum Fleisch geben und alles gut miteinander verarbeiten. Das Fleisch zudecken und im Kühlschrank über Nacht marinieren lassen. Anschließend eine Pfanne erhitzen und das Fleisch darin kräftig rösten. Herausnehmen und bereitstellen.
Die Zwiebeln abziehen, in feine Streifen schneiden.
Die Paprikaschoten halbieren, entkernen, unter fließendem kaltem Wasser abspülen, gut abtropfen lassen und ebenfalls in Streifen schneiden.
Die Zwiebeln und die Paprikaschoten ins verbliebene Bratfett geben und rösten.
Die Tomaten enthäuten, entkernen, in Würfel schneiden, zum Gemüse geben und das Ganze einmal aufkochen lassen.
Das Gemüse mit Salz und Pfeffer kräftig würzen.
Das geröstete Lammfleisch unter das Gemüse heben.
Den Joghurt glattrühren und ebenfalls unterrühren.
Das Ganze gleichmäßig erhitzen aber nicht mehr kochen lassen.
Nochmals kräftig abschmecken.
Das verlesene, gewaschene und fein gehackte Basilikum unterziehen, anrichten und servieren.

Rezept zum Foto Seite 59

BITKILI TEREYAĞLI SALAMURLU KUZU PIRZOLASI

Marinierte Lammrippchen mit Butter

(4 Portionen)

8 Lammchops
1 Tasse Olivenöl (120 ml)
1 Zwiebel
1 Knoblauchzehe
1 Teel. Salz
1 Teel. Majoran
1 Teel. Thymian
1 Teel. Rosmarin
250 g Butter
1 kleine Zwiebel
1 kleine Peperoni
2 Eßl. gehackte Petersilie
2 Eßl. geschnittenen Schnittlauch
2 Eßl. gehackte Zitronenmelisse
2 Eßl. gehackten Kerbel
einige Tropfen Zitronensaft
Salz
Pfeffer aus der Mühle

Die Lammchops unter fließendem kaltem Wasser abspülen und gut trockentupfen. Die Lammchops in eine Schüssel geben. Das Olivenöl in eine kleine Schüssel geben.

Die abgezogene und pürierte Zwiebel unter das Öl mischen.

Die Knoblauchzehe abziehen, fein hacken, mit Salz bestreuen und zu einer Paste zerreiben.

Die Knoblauchpaste mit dem Majoran, dem Thymian und dem Rosmarin unter das Zwiebelöl rühren.

Die Lammchops gleichmäßig mit dem Gewürzöl überziehen.

Das Fleisch abdecken und im Kühlschrank mindestens über Nacht marinieren lassen.

Am nächsten Tag die Lammchops auf dem Grill oder in der Pfanne garen.

Für die Kräuterbutter die Butter in einer Schüssel schaumig schlagen.

Die abgezogene Zwiebel und die Peperoni sehr fein hacken oder pürieren, mit den gehackten Kräutern unter den Butterschaum ziehen.

Die Butter mit Salz, Pfeffer, Zitronensaft aromatisieren und abschmecken.

Die gegrillten oder gebratenen Lammchops anrichten, mit etwas Kräuterbutter überziehen und sofort servieren.

TENCEREDE KIZARTILMIŞ KUZU ETI

Lammfleisch im Schmortopf

(4 Portionen)

4 mittelgroße Lammscheiben aus der Haxe à 300 g
2 Knoblauchzehen
1 Teel. Salz
Pfeffer aus der Mühle
Salz
1 Tasse Mehl
1 Tasse Olivenöl (120 ml)
1 Zwiebel
2 Karotten
1 Stück Lauch
Gemüse- oder Fleischbrühe
1 große Dose geschälte Tomaten
1 Teel. Oregano
1/2 Bund Petersilie

Die Lammscheiben unter fließendem kaltem Wasser abspülen und gut trockentupfen.
Die Knoblauchzehen abziehen, fein hacken, das Salz dazugeben und zu einer Paste zerreiben. Die Lammscheiben damit einreiben, mit Salz und Pfeffer kräftig würzen und anschließend in Mehl wenden.
Das Olivenöl in einen Schmortopf erhitzen und die Lammscheiben darin rundherum Farbe nehmen lassen.
Die Zwiebel, die Karotten putzen, den Lauch putzen, waschen, alle Zutaten in feine Würfel schneiden, zum Fleisch geben und kurz mitdünsten.
Das Ganze mit der Gemüse- oder Fleischbrühe ablöschen.
Die Tomaten mit einer Gabel zerdrücken, mit dem Oregano zu den Lammscheiben geben.
Den Schmortopf verschließen und im auf 180 Grad vorgeheizten Backofen 80 – 90 Minuten schmoren lassen.
Nach Ende der Garzeit die Sauce nochmals kräftig abschmecken.
Die Lammscheiben anrichten und mit der Sauce überziehen.
Die Eier pellen und fein hacken.
Mit der verlesenen, gewaschenen und feingehackten Petersilie vermischen, über die Lammscheiben streuen und servieren.

ETLI PIRINÇ PILAVI ACILI

Scharfes Reisfleisch

(4 Portionen, Foto)

500 g Hammel- oder Lammfleisch
Salz
Pfeffer aus der Mühle
1 Tasse Olivenöl (120 ml)
2 Knoblauchzehen
1 Teel. Salz
1 Peperoni
2 Zwiebeln
1 Karotte
1 Stück Lauch
½ l Gemüse- oder Lammbrühe
1 Lorbeerblatt
1 Zweig Thymian
1 Zweig Rosmarin
2 Tassen Reis
1 Prise Cayennepfeffer
2 Eßl. Tomatenmark
1 Eßl. Paprikapulver
1 Bund Petersilie

Das Hammel- oder Lammfleisch unter fließendem kaltem Wasser abspülen und gut abtropfen lassen. Das Fleisch in kleine Würfel schneiden, mit Salz und Pfeffer kräftig würzen. Das Olivenöl in einem Topf erhitzen und die mit Salz zerriebenen Knoblauchzehen darin andünsten. Das Fleisch ins Knoblauchöl geben und kräftig braten. Die Peperoni fein hacken und zum Fleisch geben.

Die Zwiebeln abziehen, die Karotte und den Lauch putzen, waschen, die Zutaten in feine Würfel schneiden, zum Fleisch geben und kurz mitbraten.

Die Gemüse- oder Lammbrühe angießen, das Lorbeerblatt, den Thymian und den Rosmarin dazugeben und bei mäßiger Hitze 20 – 25 Minuten garen.

Den Reis unter fließendem kaltem Wasser abspülen und gut abtropfen lassen.

Anschließend den Reis zum Fleisch geben, mit Salz, Pfeffer, Cayennepfeffer kräftig würzen.

Das Tomatenmark und das Paprikapulver unterrühren.

Den Reis bei mäßiger Hitze 20 – 25 Minuten ausquellen lassen.

Nach Ende der Garzeit das Reisfleisch nochmals kräftig abschmecken, anrichten und mit verlesener, gewaschener und feingehackter Petersilie bestreut servieren.

EKŞILI HAŞLAMIŞ TAUŞAN

Kaninchenragout in Zitronensauce

(4 Portionen)

1 kleines küchenfertiges Kaninchen
Salz
Pfeffer aus der Mühle
1 Teel. Wacholderbeeren
1 Teel. Pfefferkörner
1 Eßl. geriebene Zitronenschale
1 Tasse Mehl
1/2 Tasse Olivenöl (60 ml)
2 Knoblauchzehen
1 Teel. Salz
1 Zwiebel
1 Karotte
1 Stück Staudensellerie
Saft von 1 Zitrone
1/4 l Gemüse- oder Geflügelbrühe
250 ml (1/4 l) Milch
3 Eßl. Mehl
2 Zitronen
1 Prise Zucker
1 Bund Petersilie

Das Kaninchen in 8 – 12 Teile zerteilen. Die Kaninchenteile unter fließendem kaltem Wasser abspülen und gut trockentupfen.
Das Fleisch mit Salz und Pfeffer kräftig würzen. Die Wacholderbeeren und die Pfefferkörner im Mörser fein mahlen. Mit der geriebenen Zitronenschale vermischen und die Fleischteile damit kräftig einreiben.
Anschließend die Kaninchenteile in Mehl wenden.
Das Olivenöl in einer Pfanne erhitzen und die Kaninchenteile darin rundherum Farbe nehmen lassen.
Die mit Salz zerriebenen Knoblauchzehen dazugeben und kurz mitdünsten.
Die Zwiebel, die Karotte, den Staudensellerie putzen, in feine Würfel schneiden, zu den Fleischteilen geben und ebenfalls kurz mitdünsten.
Den Zitronensaft und die Gemüse- oder Geflügelbrühe angießen, den Topf verschließen und im auf 180 Grad vorgeheizten Backofen 50—60 Minuten schmoren lassen.
Je nach Bedarf mit etwas Weißwein oder Gemüsebrühe auffüllen.
Die Milch und das Mehl miteinander verrühren und in die Sauce geben, gut unterrühren und weitere 15—20 Minuten köcheln lassen.
Nach Ende der Garzeit die Zitronen schälen, in Scheiben schneiden und in die Sauce geben.
Die Kaninchenteile anrichten, die Sauce mit Salz, Pfeffer und Zucker nochmals kräftig abschmecken und die verlesene, gewaschene und feingehackte Petersilie unterziehen.
Die Sauce über die Kaninchenteile verteilen, je nach Geschmack mit Kräuterzweigen garnieren und servieren.

ÇANAK TAVŞAN KULUJU

Hasenkeulen aus dem Topf

(4 Portionen)

4 küchenfertige Hasenkeulen
Salz
Pfeffer aus der Mühle
1 Eßl. Paprikapulver
1/2 Tasse Olivenöl (60 ml)
1 Zwiebel
2 Karotten
1 Stück Lauch
4 – 5 Tomaten
1 Tasse Gemüse- oder Wildbrühe
1 Lorbeerblatt
1 Zweig Thymian
1 Zweig Rosmarin
1/2 Tasse Essig
2 Eßl. Honig
1 Prise Cayennepfeffer
200 g Joghurt
3 Eigelb
1/2 Bund Pfefferminze

Die Hasenkeulen unter fließendem kaltem Wasser abspülen und gut trockentupfen.
Die Hasenkeulen mit Salz, Pfeffer und Paprika kräftig würzen. Das Olivenöl in einem Schmortopf erhitzen und die Hasenkeulen darin rundherum Farbe nehmen lassen.
Die Zwiebel abziehen, die Karotten und den Lauch putzen, alle Zutaten in feine Würfel schneiden, zu den Hasenkeulen geben und kurz mitdünsten.
Die Tomaten enthäuten, entkernen, in feine Würfel schneiden und ebenfalls zum Fleisch geben.
Mit Brühe ablöschen. Das Lorbeerblatt, den Thymian- und den Rosmarinzweig dazugeben.
Den Schmortopf verschließen und im auf 180 Grad vorgeheizten Backofen 50 – 60 Minuten schmoren.
Je nach Bedarf mit etwas Gemüse- oder Wildbrühe angießen.
Den Essig mit dem Honig verrühren und in die Sauce geben.
Die Sauce mit Salz, Pfeffer und Cayennepfeffer kräftig würzen und die Hasenkeulen fertig schmoren.
Nach Ende der Garzeit den Joghurt mit dem Eigelb verrühren.
Die Hasenkeulen aus der Sauce nehmen und anrichten.
Die Sauce mit dem Joghurt verrühren und nochmals kräftig abschmecken.
Die verlesene, gewaschene und feingehackte Pfefferminze unterziehen.
Die Sauce über die Hasenkeulen geben, mit Kräuterzweigen garnieren und servieren.

TUVUKLU PILAV TÜRK USULŪ

Poulardenpilaw türkische Art

(4 Portionen, Foto)

1 Poularde (1,5 kg)
1 Bund Suppengrün
75 g Butter oder Margarine
100 g Zwiebeln
Salz
Pfeffer aus der Mühle
Cayennepfeffer
1 Stück frischer Ingwer (etwa 10 g)
375 g Aprikosen
125 g Reis

Die Poularde häuten, die Brustfilets lösen, die Keulen abtrennen und das Fleisch von den Knochen lösen sowie in mundgerechte Stücke teilen. Die Knochen in 1 l Wasser mit dem grob zerkleinerten Suppengrün bei milder Hitze im offenen Topf kochen lassen. Die Butter oder Margarine schmelzen lassen. Die Zwiebeln abziehen, halbieren, in Scheiben schneiden.

Das Fleisch in das Fett geben und ringsherum Farbe nehmen lassen, die Zwiebeln dazugeben und glasig dünsten. Das Ganze mit Salz, Pfeffer und Cayennepfeffer herzhaft würzen.

Den Ingwer schälen, in sehr feine Stifte schneiden und zum Fleisch geben. Mit 1/8 l der fertigen Hühnerbrühe aufgießen und im geschlossenen Topf etwa 10 Minuten garen. Den Reis in der Butter oder Margarine andünsten, 1/4 l Brühe darunter geben, etwas salzen und 20 Minuten ausquellen lassen, das Wasser abgießen und den Reis mit dem Fleisch vermengen. Frischen Salat dazu reichen.

YUVARLAK TAVUK DOLMASI

Gefüllte Hähnchenrollen

(4 Portionen)

4 Hähnchenbrustfilets
Salz
Pfeffer aus der Mühle
2 Knoblauchzehen
1 Teel. Salz
2 Eßl. mittelscharfen Senf
2 Eßl. Tomatenmark
2 Eßl. Olivenöl
1 Zwiebel
1 rote Paprikaschote
150 g Schafskäse
2 Eier
Semmelbrösel zum Binden
Olivenöl zum Braten
1 Zwiebel
5 Tomaten
Saft von 1 Zitrone
1 Teel. geriebene Zitronenschale
200 g Joghurt
1 Bund Zitronenmelisse

Die Hähnchenbrustfilets der Länge nach halbieren, so daß dünne Schnitzelchen entstehen.
Die Hähnchenschnitzel unter fließendem kaltem Wasser abspülen und gut trockentupfen. Das Fleisch mit Salz und Pfeffer kräftig würzen und auf einer Arbeitsfläche auslegen. Die Knoblauchzehen abziehen und mit Salz zerreiben.
Die Knoblauchpaste mit dem Senf und dem Tomatenmark vermischen und die Hähnchenschnitzel damit bestreichen. Das Olivenöl in einer Pfanne erhitzen. Die Zwiebel abziehen, die Paprikaschote putzen, waschen, in feine Würfel oder Streifen schneiden, ins Olivenöl geben und glasig dünsten. Das Gemüse von der Kochstelle nehmen, den fein zerbröckelten Schafskäse und die Eier untermischen.
Die Füllung mit Salz und Pfeffer kräftig würzen und je nach Bedarf mit Semmelbröseln binden. Die Füllung gleichmäßig auf die Hähnchenschnitzel verteilen, diese zusammenrollen und mit Zahnstochern feststecken.
Das Olivenöl in einem Topf erhitzen und die Hähnchenrollen darin rundherum Farbe nehmen lassen. Die abgezogene und sehr feingehackte Zwiebel dazugeben und kurz mitdünsten.
Die Tomaten enthäuten, entkernen, in Würfel schneiden, mit dem Zitronensaft und der Zitronenschale zu den Hähnchenrollen geben. Den Topf verschließen und das Ganze bei mäßiger Hitze 15 – 20 Minuten schmoren lassen. Nach Ende der Garzeit die Hähnchenrollen anrichten, den Joghurt unter die Sauce rühren, mit Salz und Pfeffer kräftig abschmecken und die verlesene, gewaschene und kleingeschnittene Zitronenmelisse unterheben.

Die Sauce unter ständigem Rühren nochmals erhitzen, aber nicht mehr kochen lassen.
Die Sauce über die Hähnchenrollen verteilen, je nach Geschmack mit Kräuterzweigen garnieren und servieren.

BAHARATLI DANA ŞIŞI

Kalbfleischspieße mit Kräutern

(4 Portionen)

600 g Kalbsrücken
2 Zwiebeln
1 Aubergine
1 Eßl. Salz
200 g große Champignonköpfe
Saft von einer Zitrone
1 Tasse Olivenöl (120 ml)
2 Knoblauchzehen
1 Teel. Salz
Pfeffer aus der Mühle
1 Tasse flüssige Butter
2 Eßl. gehackte Petersilie
2 Eßl. gehackte Pfefferminze
2 Eßl. gehackte Zitronenmelisse
1 Eßl. geriebene Zitronenschale

Den Kalbsrücken unter fließendem kaltem Wasser abspülen und gut trockentupfen. Den Kalbsrücken in mundgerechte Würfel oder Scheiben schneiden. Die Zwiebeln abziehen und in Würfel schneiden. Die Aubergine halbieren, mit Salz bestreuen und 10 Minuten ziehen lassen. Anschließend die Aubergine unter fließendem kaltem Wasser abspülen und gut abtropfen lassen und in kleine Würfel schneiden. Die Champignonköpfe putzen, zu den Auberginen geben und beides mit Zitronensaft beträufeln.
Das Olivenöl mit den mit Salz zerriebenen Knoblauchzehen verrühren.
Das Fleisch mit den Zwiebeln, den Auberginen und den Champignonköpfen abwechselnd auf Spieße stecken.
Die Spieße auf eine flache Platte legen und mit dem Knoblauchöl einstreichen. Die Spieße abdecken und im Kühlschrank mindestens 2 – 3 Stunden ziehen lassen. Anschließend die Spieße herausnehmen, mit Salz und Pfeffer kräftig würzen und auf dem Grill oder in der Pfanne garen.
Die flüssige Butter in einer Schüssel mit der Petersilie, der Pfefferminze, der Melisse und der Zitronenschale verrühren.
Kurz vor Garende die Spieße damit bestreichen, anrichten und servieren.

Balik
Fisch

UŠKUMRU JZGARASI

Makrelen vom Rost

(4 Portionen, Foto S. 72/73)

4 küchenfertige Makrelen
Saft von 2 Zitronen
einige Tropfen Essig
Salz
Pfeffer aus der Mühle
1 Bund Dill
1 Bund Petersilie
1 Tasse Olivenöl (120 ml)
1 Eßl. geriebene Zitronenschale
2 Knoblauchzehen
1 Teel. Oregano
1 Teel. Basilikum
2 Zitronen
Kräuterzweige zum Garnieren

Die Makrelen unter fließendem kaltem Wasser abspülen und gut trockentupfen. Die Makrelen innen und außen mit Zitronensaft und Essig beträufeln. Anschließend mit Salz und Pfeffer kräftig würzen und im Kühlschrank mindestens 10 – 15 Minuten ziehen lassen.
Den Dill und die Petersilie verlesen und zerpflücken.
Die Kräuterzweige in die Makrelen füllen. Mit einem scharfen Messer die Makrelen an den Außenseiten mehrmals schräg einschneiden.
Das Olivenöl mit der Zitronenschale, den sehr feingehackten Knoblauchzehen, dem Oregano und dem Basilikum vermischen und die Makrelen damit bestreichen. Im Kühlschrank weitere 10 – 15 Minuten ziehen lassen. Anschließend die Makrelen auf dem Rost garen. Die Zitronen achteln, die Makrelen anrichten, die Zitronenachtel dazugeben und mit Kräuterzweigen garniert servieren.

BARBAROS BALIK ÇORBASI

Fischsuppe vom Bosporus

(4 Portionen)

½ Tasse Olivenöl (60 ml)
1 Zwiebel
2 Karotten
1 Stück Staudensellerie
1 Peperoni
2 Knoblauchzehen
1 Teel. Salz
2 Eßl. Tomatenmark
3 Eßl. Mehl
4 Tomaten
750 ml (¾ l) Fisch- oder Gemüsebrühe
1 Lorbeerblatt
½ Tasse Essig
100 g Muschelfleisch
100 g Krevettenfleisch
400 g gemischtes Seefischfilet
Saft von einer Zitrone
1 Teel. Oregano
1 Bund Petersilie

Das Olivenöl in einem Topf erhitzen. Die Zwiebel abziehen, fein würfeln, ins Fett geben und andünsten.
Die Karotten und den Staudensellerie putzen, in Würfel oder Streifen schneiden, zu den Zwiebeln geben und kurz mitdünsten.
Die Peperoni fein hacken, die Knoblauchzehen abziehen, fein hacken, das Salz dazugeben und zu einer Paste zerreiben.
Die Peperoni und die Knoblauchpaste mit dem Tomatenmark unter das Gemüse rühren. Das Ganze mit Mehl bestäuben und kurz andünsten.
Die Tomaten enthäuten, entkernen, in Würfel schneiden, mit der Fisch- oder Gemüsebrühe in den Topf geben und zum Kochen bringen.
Das Lorbeerblatt und den Essig dazugeben und das Ganze bei mäßiger Hitze zugedeckt 10 – 15 Minuten köcheln lassen.
In der Zwischenzeit das Muschelfleisch und das Krevettenfleisch in eine Schüssel geben.
Das Seefischfilet unter fließendem kaltem Wasser abspülen, gut trockentupfen und in mundgerechte Stücke schneiden.
Das Fischfleisch zu den Muscheln und Krevetten geben und miteinander vermischen. Mit Zitronensaft beträufeln und mit Oregano bestreuen.
Die Meeresfrüchte in die Fischsuppe geben und bei mäßiger Hitze 8 – 10 Minuten gar ziehen lassen.
Nach Ende der Garzeit die Fischsuppe nochmals kräftig abschmecken, anrichten und mit der verlesenen, gewaschenen und fein gehackten Petersilie bestreut servieren.

SEBZELI AHTAPOT

Tintenfische aus dem Kessel

(4 Portionen, Foto)

600 g küchenfertige Tintenfischringe
Saft von einer Zitrone
einige Tropfen Essig
Salz
Pfeffer aus der Mühle
½ Tasse Olivenöl (60 ml)
1 Knoblauchzehe
1 Teel. Salz
1 Peperoni
2 Zwiebeln
1 Stange Lauch
1 rote Paprikaschote
1 grüne Paprikaschote
4 – 5 Tomaten
¼ l Fisch- oder Gemüsebrühe
1 Lorbeerblatt
1 Zweig Estragon
100 g schwarze Oliven
1 Bund Petersilie

Die küchenfertigen Tintenfischringe in eine Schüssel geben, mit Zitronensaft und Essig beträufeln. Die Tintenfischringe mit Salz und Pfeffer kräftig würzen und im Kühlschrank mindestens 10 – 15 Minuten ziehen lassen.
In der Zwischenzeit das Olivenöl in einem Topf erhitzen und die mit Salz zerriebenen Knoblauchzehen darin andünsten.
Die Peperoni fein hacken, ins Knoblauchfett geben und kurz mitdünsten. Die Zwiebeln und den Lauch putzen, in dünne Scheiben oder Streifen schneiden, ins Knoblauchfett geben und kurz andünsten.
Die Paprikaschoten halbieren, entkernen, unter fließendem kaltem Wasser abspülen, gut abtropfen lassen, in Streifen schneiden, zum Gemüse geben und kurz mitdünsten.
Die enthäuteten, entkernten und in Würfel geschnittenen Tomaten unter das Gemüse rühren, die Fisch- oder Gemüsebrühe angießen.
Das Lorbeerblatt und den Estragonzweig mit den Tintenfischringen in den Topf geben und das Ganze bei mäßiger Hitze zugedeckt 35 – 40 Minuten köcheln lassen.
Nach Ende der Garzeit die schwarzen Oliven dazugeben und weitere 5 – 10 Minuten mitkochen.
Anschließend das Ganze nochmals kräftig abschmecken, anrichten und mit verlesener, gewaschener und fein gehackter Petersilie servieren.

HAMSI TAVASI

Sardellenpfanne

(4 Portionen)

1 kg Sardellen
Saft von zwei Zitronen
einige Tropfen Essig
Salz
Pfeffer aus der Mühle
3 – 4 Eier
3 – 4 Eßl. Mehl
1 Prise Muskat
1 Prise Cayennepfeffer
1 Eßl. Paprikapulver
250 ml (1/4 l) Olivenöl
2 Knoblauchzehen
1 Teel. Salz
2 Zitronen
1 Bund Petersilie

Die küchenfertigen Sardellen unter fließendem kaltem Wasser abspülen und gut abtropfen lassen. Die Sardellen in einen Topf geben, mit Zitronensaft und Essig beträufeln und im Kühlschrank mindestens 10 – 15 Minuten ziehen lassen.
Anschließend die Sardellen mit Salz und Pfeffer kräftig würzen.
Die Eier in eine Schüssel geben. Das Mehl dazugeben und alles gleichmäßig miteinander verrühren.
Das Eiermehl mit Salz, Pfeffer, Muskat, Cayennepfeffer und Paprikapulver würzen. Das Olivenöl in einer Pfanne erhitzen, die mit Salz zerriebenen Knoblauchzehen ins Öl geben und andünsten.
Die Sardellen durch den Eierteig ziehen und in Knoblauchöl ausbacken.
Die Sardellen herausnehmen, gut abtropfen lassen, anrichten, mit Zitronenachteln und Petersilienzweigen garniert servieren.

PISIRILMIS LEVREK BALIḠI

Gebackene Barsche

(4 Portionen)

4 kleine küchenfertige Barsche à 400 g
Saft von 1 Zitrone
einige Tropfen Essig
Salz
Pfeffer aus der Mühle
1/2 Bund Petersilie
1/2 Bund Dill
250 g Mehl
2 Eigelb
125 ml (1/8 l) Milch oder Wasser
1 Eßl. geriebene Zitronenschale
1 Prise Muskat
1 Prise Zucker
4 Eßl. gehackte Petersilie
2 Eiweiß
Olivenöl zum Ausbacken
Zitronenachtel und Kräuterzweige zum Garnieren

Die Barsche unter fließendem kaltem Wasser abspülen und gut trockentupfen. Die Barsche mit Zitronensaft und Essig beträufeln. Anschließend

mit Salz und Pfeffer kräftig würzen und im Kühlschrank mindestens 10 – 15 Minuten ziehen lassen.
Die Petersilie und den Dill verlesen, zerpflücken, waschen, gut abtropfen lassen und anschließend in die Barsche füllen.
Für den Teig das Mehl in eine Schüssel sieben. Das Eigelb und die Milch oder das Wasser dazugeben und alles miteinander glattrühren.
Den Teig mit Salz, Pfeffer, der Zitronenschale, dem Muskat und dem Zucker kräftig würzen. Die Petersilie unter den Teig rühren. Das Eiweiß zu sehr steifem Schnee schlagen und vorsichtig unter den Teig heben. Das Olivenöl in einem großen Topf erhitzen.
Die Barsche durch den Teig ziehen und im schwimmenden Fett goldgelb ausbacken.
Herausnehmen und je nach Geschmack mit Zitronenachteln und Kräuterzweigen garniert servieren.

ŞIŞ BALIĞI

Fisch am Spieß

(4 Portionen)

600 g Seefisch
Saft von zwei Zitronen
einige Tropfen Weinessig
2 Zwiebeln
1 Zucchini
200 g große Champignonköpfe
Salz
Pfeffer aus der Mühle
1 Teel. Oregano
1 Teel. Basilikum
1 Tasse flüssige Butter
2 Eßl. Essig
1 Bund Petersilie

Das Seefischfilet unter fließendem kaltem Wasser abspülen, gut abtropfen lassen und in grobe Würfel schneiden.
Die Fischwürfel mit Zitronensaft und Weinessig beträufeln und im Kühlschrank mindestens 10 – 15 Minuten ziehen lassen. Die Zwiebeln abziehen und ebenfalls in Würfel schneiden. Die Zucchini putzen und in 1 – 2 cm dicke Scheiben schneiden. Die Champignonköpfe putzen und mit Zitronensaft beträufeln.
Die Fischwürfel mit den Zwiebeln, den Zucchinischeiben und den Champignonköpfen abwechselnd auf Grillspieße stecken.
Die Spieße mit Salz, Pfeffer, Oregano und Basilikum kräftig würzen, mit etwas flüssige Butter einstreichen und auf dem Grill oder in der Pfanne garen. Die restliche Butter mit dem Essig verrühren und kurz vor Garende die Fischspieße damit bestreichen. Die Fischspieße leicht Farbe nehmen lassen, anrichten und mit verlesener, gewaschener und fein gehackter Petersilie bestreut servieren.

Sebze
Gemüse

KABAK DOLMASI

Gefüllte Zucchini

(4 Portionen, Foto S. 80/81)

4 mittelgroße Zucchini
Saft von einer Zitrone
Salz
Pfeffer aus der Mühle
500 g Rindergehacktes
1 Zwiebel
2 Scheiben Weißbrot
2 Eier
2 Eßl. Meerrettich
1 Eßl. mittelscharfer Senf
100 g bißfest gekochter Reis
1 Teel. Oregano
1 Teel. Basilikum
1 Eßl. grüne Pfefferkörner
1/2 Tasse Olivenöl (60 ml)
250 ml (1/4 l) Gemüsebrühe
Saft von einer Zitrone
1/2 Bund Pfefferminze

Die Zucchini putzen, unter fließendem kaltem Wasser abspülen, gut abtropfen lassen, halbieren. Die Zucchinihälften mit einem Teelöffel aushöhlen. Das Fruchtfleisch fein würfeln und bereitstellen. Das Fruchtfleisch und die Zucchinihälften mit Zitronensaft und Weißwein beträufeln, mit Salz und Pfeffer würzen.
Das Rindergehackte in eine Schüssel geben. Das Zucchinifruchtfleisch, die geschälte und fein gehackte Zwiebel dazugeben.

Das Weißbrot entrinden, in Milch oder Gemüsebrühe kurz weichen, ausdrücken, mit den Eiern, dem Meerrettich, dem Senf und dem Reis zum Fleisch geben.
Den Oregano, das Basilikum sowie die Pfefferkörner dazugeben und das Ganze zu einer kompakten Masse verarbeiten.
Die Fleischmasse in die Zucchinihälften gleichmäßig verteilen und leicht festdrücken.
Das Olivenöl in einem Topf erhitzen. Die Zucchinihälften einsetzen und kurz andünsten, mit Gemüsebrühe, Weißwein und Zitronensaft angießen, den Topf verschließen und im auf 180 Grad vorgeheizten Backofen 20 – 25 Minuten schmoren lassen.

Nach Ende der Garzeit die Zucchinihälften anrichten, mit verlesener, gewaschener und fein gehackter Pfefferminze bestreuen und servieren.

ETLI BIBER DOLMASI

Gefüllte Paprikaschoten

(4 Portionen)

4 grüne Paprikaschoten
400 g Lammgehacktes
2 Knoblauchzehen
1 Teel. Salz
1 Zwiebel
2 Eßl. mittelscharfen Senf
Salz
Pfeffer aus der Mühle
1 Prise Cayennepfeffer
1 Eßl. Majoran
einige Tropfen Zitronensaft
2 Eier
½ Bund Petersilie
2 – 3 Eßl. Olivenöl
1 Zwiebel
4 – 5 Tomaten
1 Tasse Gemüse- oder Fleischbrühe

Mit einem Messer von den Paprikaschoten eine Haube abschneiden. Die Paprikaschoten entkernen, unter fließendem kaltem Wasser abspülen, gut abtropfen lassen. Die Paprikaschoten bereitstellen.
Das Lammgehackte in eine Schüssel geben.
Die mit Salz zerriebenen Knoblauchzehen, die geschälten und fein gehackten Zwiebeln und den Senf zum Fleisch geben und alles gut miteinander vermischen.
Das Fleisch mit Salz, Pfeffer, Cayennepfeffer, Majoran und Zitronensaft kräftig würzen.
Das Weißbrot entrinden, in Milch oder Gemüsenbrühe kurz einweichen, gut ausdrücken, mit den Eiern und der verlesenen, gewaschenen und fein gehackten Petersilie zum Fleisch geben.
Das Ganze zu einer kompakten Masse verarbeiten. Nochmals kräftig abschmecken und gleichmäßig in die Paprikaschoten füllen.
Das Olivenöl in einem Schmortopf erhitzen und die geschälte, fein gehackte Zwiebel darin andünsten.
Die enthäuteten, entkernten und in Würfel geschnittenen Tomaten dazugeben.
Mit Gemüse- oder Fleischbrühe angießen und einmal aufkochen lassen.
Die gefüllten Paprikaschoten in die Sauce setzen, den Topf verschließen und das Ganze bei 180 Grad im Backofen 20 – 25 Minuten schmoren lassen.
Nach Ende der Garzeit die Paprikaschoten anrichten, die Sauce nochmals abschmecken, über die Schoten verteilen und servieren.

FATMA PATLICAN DOLMASI

Fatmas gefüllte Auberginen

(4 Portionen, Foto)

4 mittelgroße Auberginen
2 Eßl. Salz
Saft von 1 Zitrone
1 Tasse Olivenöl (120 ml)
2 Knoblauchzehen
1 Teel. Salz
2 große Zwiebeln
Salz
Pfeffer aus der Mühle
1 Eßl. Paprikapulver
4 Tomaten
4 Peperoni
250 ml (1/4 l) Gemüse- oder Fleischbrühe
1 Teel. Thymian
1 Bund Petersilie

Die Auberginen putzen, unter fließendem kaltem Wasser abspülen und gut trockentupfen. Mit einem Messer von den Auberginen Streifen abschälen und die Auberginen einmal der Länge nach so durchschneiden, daß die Enden noch zusammenhalten.
Die Auberginen mit dem Messer mehrmals einstechen und mit Salz kräftig einreiben.
Nach etwa 10 Minuten die Auberginen erneut unter fließendem kaltem Wasser abspülen und gut trockentupfen. Nun die Auberginen mit Zitronensaft beträufeln und weitere 10 Minuten ziehen lassen.
Das Olivenöl in einem Topf erhitzen und die mit Salz zerriebenen Knoblauchzehen darin andünsten.
Die Auberginen im Knoblauchfett braten, herausnehmen und bereitstellen.
Die Zwiebeln abziehen, in Streifen schneiden, ins verbliebene Bratfett geben und anbraten.
Die Zwiebeln mit Salz, Pfeffer, Paprikapulver kräftig würzen.
Die Zwiebeln nun in die Auberginen füllen und die Auberginen in eine ausgefettete Auflaufform legen.

Die Tomaten enthäuten, in Scheiben schneiden und die Auberginen damit abdecken.
Die Peperoni auf die Tomaten legen und das Ganze mit der Gemüse- oder Fleischbrühe begießen.
Zum Schluß das Ganze mit Thymian, Salz und Pfeffer bestreuen und im auf 180 Grad vorgeheizten Backofen 20 – 25 Minuten garen.
Nach Ende der Garzeit die Auberginen mit den Tomaten und den Peperoni anrichten und mit frisch gehackter Petersilie bestreut servieren.

LAHANA SARMASI

Weißkrautrouladen mit pikanter Füllung

(4 Portionen)

1 kleinen Kopf Weißkohl
Salzwasser
400 g Lammgehacktes
1 Zwiebel
2 Scheiben Weißbrot
1 Knoblauchzehe
1 Teel. Salz
2 Eier
½ Bund Pfefferminze
1 Teel. geriebene Zitronenschale
Salz
Pfeffer aus der Mühle
1 Prise Cayennepfeffer
100 g Schafskäse
Semmelbrösel zum Binden
½ Tasse Olivenöl (60 ml)
1 Zwiebel
4 – 5 Tomaten
¼ l Gemüse- oder Fleischbrühe
1 Zweig Thymian

Mit einem scharfen Messer aus dem Weißkohlkopf den Strunk herausschneiden. Die Blätter vorsichtig vom Kopf ablösen.
Salzwasser in einem Topf erhitzen und die Blätter darin 8 – 10 Minuten blanchieren. Die Weißkohlblätter herausnehmen, gut abtropfen lassen und je 2 – 3 Blätter auf einer Arbeitsfläche übereinanderlegen.
Für die Füllung das Lammgehackte in eine Schüssel geben.
Die Zwiebel abziehen, fein würfeln und zum Fleisch geben.
Das Weißbrot entrinden, in Milch oder Gemüsebrühe kurz einweichen, gut ausdrücken und zum Fleisch geben.
Die mit Salz zerriebene Knoblauchzehe und die Eier ebenfalls zum Fleisch geben und alles zu einer kompakten Masse verarbeiten.
Die verlesene, gewaschene und fein gehackte Pfefferminze mit der Zitronenschale unter die Fleischmasse arbeiten. Die Fleischmasse mit Salz, Pfeffer und Cayennepfeffer kräftig würzen.
Den fein geschnittenen Schafskäse unter das Fleisch heben und je nach Bedarf das Ganze mit Semmelbröseln binden.
Die Masse gleichmäßig auf die Weißkrautblätter verteilen. Die Blätter zusammenschlagen und mit Hilfe eines feuchten Küchentuchs zu Rouladen abdrehen.
Das Olivenöl im Schmortopf erhitzen und die abgezogene und fein gehackte Zwiebel darin andünsten.

Die Tomaten enthäuten, entkernen, in Würfel schneiden und zu den Zwiebeln geben.
Mit der Gemüse- oder Fleischbrühe auffüllen. Den Thymianzweig in die Sauce geben und einmal aufkochen lassen.

Die Rouladen in die Sauce einsetzen, den Topf verschließen und im auf 180 Grad vorgeheizten Backofen 20 – 25 Minuten garen.
Nach Ende der Garzeit die Rouladen anrichten, die Sauce nochmals kräftig abschmecken, über die Rouladen verteilen und servieren.

KIZARTILMIŞ KABAU ILE DOMATES SOSSO

Gebackene Zucchini in Tomatensauce

(4 Portionen)

2 mittelgroße Zucchini
Saft von einer Zitrone
Salz
Pfeffer aus der Mühle
3 Eier
3 Eßl. Mehl
2 – 3 Eßl. gehackte Petersilie
1 Tasse Olivenöl (120 ml)
2 Knoblauchzehen
1 Teel. Salz
1 Zwiebel
4 – 5 Tomaten
2 Eßl. Tomatenmark
200 ml Gemüsebrühe
einige Tropfen Essig
1 Prise Cayennepfeffer
1 Prise Zucker
1 Bund Basilikum

Die Zucchini putzen, in 1 – 2 cm dicke Scheiben schneiden. Die Zucchinischeiben mit Zitronensaft beträufeln, mit Salz und Pfeffer kräftig würzen. Die Eier und das Mehl miteinander glattrühren und die Petersilie unterziehen.
Das Olivenöl in einer Pfanne erhitzen und die mit Salz zerriebenen Knoblauchzehen darin andünsten.
Die Zucchinischeiben durch den Eierteig ziehen und im Knoblauchfett goldgelb ausbacken.
Herausnehmen und in eine Schüssel geben. Die Zwiebel abziehen, fein würfeln und im verbliebenen Bratfett andünsten.
Die enthäuteten, entkernten und in Würfel geschnittenen Tomaten dazugeben, das Tomatenmark unterrühren, mit Gemüsebrühe auffüllen und bei mäßiger Hitze 6 – 8 Minuten köcheln lassen.
Die Tomatensauce mit Essig, Cayennepfeffer, Zucker, Salz und Pfeffer kräftig würzen.
Den verlesenen, gewaschenen und fein gehackten Basilikum unter die Sauce ziehen.
Die Zucchinischeiben anrichten, mit der Sauce überziehen und warm oder kalt servieren.

HAMUR IÇINDE SEBZE

Gemüse im Teig

(4 Portionen, Foto)

4 Karotten
200 g Blumenkohlröschen
200 g Broccoliröschen
Salzwasser
1 Lorbeerblatt
einige Nelken
einige Pfefferkörner
einige Wacholderbeeren
200 g Mehl
1 Prise Salz
1 Prise Muskat
250 ml (1/4 l) Milch
2 Eigelb
2 Eiweiß
Öl zum Ausbacken

Die Karotten, die Blumenkohlröschen und die Broccoliröschen putzen, unter fließendem kaltem Wasser abspülen, gut abtropfen lassen und in mundgerechte Stücke schneiden. Das Salzwasser in einem Topf erhitzen. Das Lorbeerblatt, die Nelken, die Pfefferkörner und die Wacholderbeeren dazugeben und 5 – 6 Minuten köcheln lassen. Anschließend das Gemüse in das Gewürzwasser geben und bei mäßiger Hitze 10 Minuten blanchieren.
Das Gemüse herausnehmen, auf ein Küchentuch zum Abtropfen legen. Das Mehl in eine Schüssel sieben, mit Salz und Muskat aromatisieren. Die Milch und das Eigelb dazugeben und zu einem glatten Teig verrühren. Das Eiweiß sehr steif schlagen und unter den Teig heben.
Das Öl in einem Topf erhitzen, das Gemüse durch den Teig ziehen und im schwimmenden Fett goldgelb ausbacken.
Herausnehmen, gut abtropfen lassen und servieren.

KIZARTILMIŞ BIBER DOMATES SALÇALI

Gebratene Paprikaschoten in Tomatensauce

(4 Portionen)

2 rote Paprikaschoten
2 grüne Paprikaschoten
1 Zwiebel
1 Tasse Olivenöl (120 ml)
2 Knoblauchzehen
1 Teel. Salz
4 Tomaten
1 Teel. Oregano
1 Teel. Basilikum
Salz
Pfeffer aus der Mühle
3 – 4 Eßl. Weinessig
1 Prise Zucker
1 Bund Petersilie

Die Paprikaschoten halbieren, entkernen, unter fließendem kaltem Wasser abspülen und gut abtropfen lassen. Die Paprikaschoten in Würfel schneiden, die Zwiebel abziehen und ebenfalls würfeln.
Das Olivenöl in einer Pfanne erhitzen und die mit Salz zerriebenen Knoblauchzehen darin andünsten.
Die Paprikaschoten und die Zwiebeln ins Knoblauchfett geben und darin braten.
Die Tomaten enthäuten, entkernen, in Würfel schneiden, mit dem Oregano und dem Basilikum zu den Paprikaschoten geben und einmal aufkochen lassen.
Die Paprikaschoten mit Salz, Pfeffer und Weinessig sowie Zucker kräftig würzen.
Die gebratenen Paprikaschoten anrichten, mit der Tomatensauce überziehen und mit der verlesenen, gewaschenen und feingehackten Petersilie bestreut servieren.

ETLI KURU FASULYE

Weiße Bohnen mit Hammelfleisch

(4 Portionen)

400 g weiße Bohnen
500 g Hammelfleisch
Salzwasser
1 Zwiebel
Karotten
1 Stück Lauch
1 Lorbeerblatt
1 Zweig Bohnenkraut
Salz
Pfeffer aus der Mühle
1 Eßl. Paprikapulver
2 – 3 Eßl. Tomatenmark
1 Peperoni
250 g Kartoffeln
1 Bund Schnittlauch

Die weißen Bohnen unter fließendem kaltem Wasser abspülen und gut abtropfen lassen.
Die Bohnen in eine Schüssel geben, mit Salzwasser übergießen und über Nacht einweichen lassen.
Das Hammelfleisch am nächsten Tag unter fließendem kaltem Wasser abspülen, gut abtropfen lassen und in mundgerechte Würfel schneiden.
Salzwasser in einem Topf erhitzen und das Fleisch darin bei mäßiger Hitze 25 – 30 Minuten garen.
Die Zwiebel abziehen, die Karotten und den Lauch putzen, waschen, die Zutaten in Würfel schneiden, mit dem Lorbeerblatt und dem Bohnenkraut zum Fleisch geben.
Den Sud mit Salz, Pfeffer, Paprikapulver kräftig würzen.
Das Tomatenmark unterrühren und die feingehackte Peperoni in den Sud geben.
Die Kartoffeln schälen, in Würfel schneiden, mit den gut abgetropften Bohnen zum Fleisch geben.
Den Eintopf bei mäßiger Hitze 40 – 50 Minuten garen.
Nach Ende der Garzeit den Eintopf nochmals kräftig abschmecken, anrichten und mit frisch geschnittenem Schnittlauch bestreut servieren.

DOLMA

Gefülltes Gemüse

2 große Auberginen
2 große Zucchini
1 Gemüsezwiebel
2 Knoblauchzehen
2 Fleischtomaten
600 g gehacktes Lammfleisch
2 Eier
1 Eßl. gehackte Minze
Salz
Pfeffer
100 g Schafskäse
Außerdem: Butter

Auberginen waschen, Stengel abschneiden. Zucchini waschen, die Enden abschneiden.
Beides quer halbieren, Fruchtfleisch bis auf 1 cm dicken Rand herauslösen und würfeln.
Zwiebeln und Knoblauch abziehen, fein hacken. Tomaten enthäuten, entkernen, würfeln.
Lammfleisch mit dem Gemüse, Koblauch, Eiern und Minze, Salz, Pfeffer vermengen, in die Hälften füllen. Gemüse in eine gefettete Auflaufform setzen, in den auf etwa 180 Grad (Gas Stufe 2) vorgeheizten Backofen schieben, 30 – 40 Minuten garen.
Schafskäse darübergeben und 5 Minuten überbacken.

SEBZELI KIRMIZI MERCIMEK

Rotes Linsengemüse

(4 Portionen, Foto)

400 g rote Linsen
½ Tasse Olivenöl (60 ml)
2 Knoblauchzehen
1 Teel. Salz
1 Zwiebel
1 Karotte
1 Stück Lauch
1 Stück Sellerie
2 – 3 Eßl. Tomatenmark
¾ l Gemüse- oder Fleischbrühe
½ Tasse Essig (60 ml)
1 Zweig Thymian
Salz
Pfeffer aus der Mühle
1 Prise Cayennepfeffer
2 Eßl. Honig
1 Bund Schnittlauch

Die roten Linsen unter fließendem kaltem Wasser abspülen und gut abtropfen lassen. Die Linsen in eine Schüssel geben, mit Salzwasser übergießen und über Nacht einweichen.
Das Olivenöl in einem Topf erhitzen und die mit Salz zerriebenen Knoblauchzehen darin andünsten.
Die Zwiebel abziehen, die Karotte, den Lauch und den Sellerie putzen, waschen, die Zutaten in feine Würfel schneiden, ins Knoblauchöl geben und kurz mitdünsten.
Das Tomatenmark unterrühren und mit der Gemüse- oder Fleischbrühe angießen und zum Kochen bringen.
Die Linsen gut abtropfen lassen, in den Sud geben und bei mäßiger Hitze 30 – 40 Minuten köcheln lassen.
Den Essig unter das Linsengemüse ziehen und den Thymianzweig dazugeben.
Mit Salz, Pfeffer, Cayennepfeffer und Honig würzen.
Bei mäßiger Hitze weitere 10 – 15 Minuten köcheln lassen.
Nach Ende der Garzeit das Linsengemüse nochmals abschmecken, anrichten und mit frisch geschnittenem Schnittlauch bestreut servieren.

ZEYTINYAĞLI MANTAR

Marinierte Champignons

(4 Portionen)

400 g frische kl. Champignonköpfe
Saft von zwei Zitronen
1 Tasse Olivenöl (120 ml)
2 Knoblauchzehen
1 Teel. Salz
1 Teel. geriebene Zitronenschale
2 Zwiebeln
1 Tasse Gemüsebrühe
4 – 5 Tomaten
1 Teel. Oregano
1 Teel. Basilikum
Salz
Pfeffer aus der Mühle
1 Bund Petersilie

Die Champignonköpfe putzen, unter fließendem kaltem Wasser abspülen, gut abtropfen lassen. Die Champignonköpfe mit Zitronensaft beträufeln. Das Olivenöl in einer Pfanne erhitzen und die mit Salz zerriebenen Knoblauchzehen darin andünsten. Die Zitronenschale und die abgezogenen in Würfel geschnittenen Zwiebeln ins Knoblauchfett geben und andünsten. Die Champignonköpfe dazugeben und kurz mitdünsten. Mit der Gemüsebrühe ablöschen.
Die enthäuteten, entkernten und in Würfel geschnittenen Tomaten mit dem Oregano und dem Basilikum unter die Champignons heben. Das Ganze mit Salz und Pfeffer kräftig würzen und bei mäßiger Hitze 6 – 8 Minuten köcheln lassen. Die verlesene, gewaschene und fein gehackte Petersilie untermischen.

Das Ganze in eine Schüssel geben, erkalten lassen und im Kühlschrank mindestens über Nacht marinieren lassen. Die Champignons anrichten und kalt servieren.

ZETINYAGLI BAKLA

Okragemüse mit Pfefferminze

(4 Portionen)

1 kg frisches Okragemüse
Saft von zwei Zitronen
einige Tropfen Essig
1 Tasse Olivenöl (120 ml)
2 Knoblauchzehen
1 Teel. Salz
2 Zwiebeln
1 Peperoni
4 – 5 Tomaten
1 Tasse Gemüsebrühe
Salz
Pfeffer aus der Mühle
1 Prise Cayennepfeffer
1 Prise Zucker
1 Bund Pfefferminze

Das Okragemüse unter fließendem kaltem Wasser abspülen und gut abtropfen lassen. Die Stielenden der Okras bleistiftartig zuspitzen, damit das Fruchtmark beim Garen nicht auslaufen kann.
Das Okragemüse in eine Schüssel geben, mit Zitronensaft und Essig beträufeln.
Das Olivenöl in einer Pfanne erhitzen und die mit Salz zerriebenen Knoblauchzehen darin andünsten. Die Zwiebeln abziehen, fein würfeln, mit der feingehackten Peperoni ins Knoblauchöl geben und andünsten. Die enthäuteten, entkernten und in Würfel geschnittenen Tomaten unter die Zwiebeln mischen, mit der Gemüsebrühe ablöschen und das Okragemüse dazugeben.
Mit Salz, Pfeffer, Cayennepfeffer, Zucker kräftig würzen, den Topf verschließen und bei mäßiger Hitze 15 – 20 Minuten schmoren lassen.
Nach Ende der Garzeit das Gemüse nochmals kräftig abschmecken, die verlesene, gewaschene und fein geschnittene Pfefferminze unterheben, anrichten und servieren.

YOḠURTLU HAVUÇ SALATASI

Gelber Rübensalat mit Joghurt

(4 Portionen)

600 g gelbe Rüben
4 Eßl. Olivenöl
1 Zwiebel
1 Knoblauchzehe
1 Teel. Salz
150 g Joghurt
einige Tropfen Zitronensaft
Salz
Pfeffer aus der Mühle
½ Bund Petersilie

Die gelben Rüben schälen, unter fließendem kaltem Wasser abspülen, gut abtropfen lassen und auf der Gemüsereibe raspeln. Das Olivenöl in einer Pfanne erhitzen, die abgezogene und feingehackte Zwiebel und die mit Salz zerriebene Knoblauchzehe ins Bratfett geben und kurz dünsten. Die gelben Rüben dazugeben und kurz anbraten. Die Rüben von der Kochstelle nehmen und erkalten lassen.
Den Joghurt mit Zitronensaft glattrühren, mit Salz und Pfeffer kräftig würzen und die gelben Rüben damit anmachen.
Den gelben Rübensaft anrichten und mit verlesener, gewaschener und feingehackter Petersilie bestreut servieren.

KIZARTILMIŞ SARMISAKLI YOĞURTLU PATLICAN

Gebratene Auberginen mit Knoblauchjoghurt

(4 Portionen, Foto)

600 g Auberginen
2 Eßl. Salz
Saft von 1 Zitrone
Salz
Pfeffer aus der Mühle
2 Tassen Mehl
1 Tasse Olivenöl
2 Knoblauchzehen
1 Teel. Salz
400 g Joghurt
200 g frische Salatgurke
1 Zwiebel
2 Knoblauchzehen
1 Teel. gemahlenen Kreuzkümmel
½ Teel. gemahlenen Kardamom
einige Tropfen Zitronensaft
2 – 3 Eßl. Schnittlauch

Die Auberginen putzen, unter fließendem kaltem Wasser abspülen und gut trockentupfen. Die Auberginen in Scheiben schneiden und mit Salz bestreuen, im Kühlschrank mindestens 10 Minuten ziehen lassen. Anschließend die Auberginenscheiben nochmals unter fließendem kaltem Wasser abspülen und erneut trockentupfen. Mit dem Saft der Zitrone beträufeln und weitere 10 Minuten ziehen lassen.
Die Auberginenscheiben salzen, pfeffern. Das Olivenöl in einer Pfanne erhitzen, die mit Salz zerriebenen Knoblauchzehen im Olivenöl andünsten.
Die Auberginenscheiben ins Knoblauchöl geben und goldgelb braten, herausnehmen, kleine Türmchen schichten und mit Basilikum verzieren.
Für den Knoblauchjoghurt den Joghurt in eine Schüssel geben.
Die Gurke und die Zwiebel putzen, fein raspeln und mit der feingehackten Knoblauchzehe unter den Joghurt mischen.
Den Joghurt mit Kreuzkümmel, Kardamom, Zitronensaft, Salz und Pfeffer kräftig würzen. Die Auberginenscheiben anrichten, mit dem Knoblauchjoghurt überziehen und mit frisch geschnittenem Schnittlauch bestreut servieren.

Kiyma ve Erişte
Hackfleisch- und Teiggerichte

PIDE

Einfache Brotfladen

(4 Portionen, Foto Seite 98/99)

500 g Mehl
125 ml (1/8 l) Milch
1 Prise Zucker
30 g Hefe
100 g handwarme Butter
2 Eier
1 Eßl. Salz
2 – 3 Eßl. Olivenöl
2 Eigelb
4 Eßl. Wasser
1 Eßl. Kümmel
1 Eßl. grobes Salz
1 Eßl. Korianderkörner

Das Mehl in eine Schüssel sieben.
Die Milch handwarm erwärmen, den Zucker einrühren und die Hefe hineinbröckeln.
Die Hefemilch 10 – 15 Minuten gehen lassen. Anschließend die Hefemilch mit der Butter, den Eiern, dem Salz und dem Olivenöl zum Mehl geben und zu einem glatten Teig verschlagen. Den Teig abdecken und an einem warmen Ort 30 Minuten gehen lassen. Nochmals kräftig durchschlagen und erneut 30 Minuten gehen lassen. Anschließend portionsweise kleine Kugeln abdrehen und diese auf einer bemehlten Arbeitsfläche ausrollen.
Ein Backblech mit etwas Olivenöl ausfetten und die Teigfladen darauflegen.
Das Eigelb mit Wasser verrühren und die Teigfladen damit einstreichen. Anschließend mit Kümmel, Salz und Korianderkörnern bestreuen. Nochmals 10 Minuten gehen lassen und im auf 180 Grad vorgeheizten Backofen je nach Größe 15 – 20 Minuten ausbacken.
Die Fladen herausnehmen und warm oder kalt servieren.

TUVUKLU BÖREK

Börek mit Huhn

(4 Portionen)

1 kleines küchenfertiges Suppenhuhn
Salzwasser
2 – 3 Lorbeerblätter
einige Wacholderbeeren
einige Pfefferkörner
2 Zwiebeln
2 Eßl. Olivenöl
1 Zwiebel
1 Knoblauchzehe
175 g Reis, Salz
Pfeffer aus der Mühle
350 ml Wasser
50 g Korinthen
50 g Pinienkerne
2 Eßl. Olivenöl
250 g Butter oder Margarine
5 Jufka (Teigplatten)
1/2 – 3/4 l Hühnerbrühe
1 Teel. Zimtpulver

Das küchenfertige Suppenhuhn unter fließendem kaltem Wasser abwaschen und gut abtropfen lassen.
Das Salzwasser mit den Lorbeerblättern, den Wacholderbeeren, den Pfefferkörnern und den abgezogenen und kleingeschnittenen Zwiebeln in einen Topf geben und zum Kochen bringen.
Das Suppenhuhn in den Sud geben und bei mäßiger Hitze 80 – 90 Minuten köcheln lassen.
Nach Ende der Garzeit das Suppenhuhn herausnehmen, gut abtropfen lassen, erkalten lassen und das Fleisch von den Knochen lösen.
Das Olivenöl in einem Topf erhitzen und die geschälte und feingehackte Zwiebel sowie die feingehackte Knoblauchzehe darin glasig dünsten.
Den geschwaschenen Reis dazugeben und kurz mitschwitzen.
Das Wasser angießen, mit Salz und Pfeffer würzen und den Reis bei mäßiger Hitze und unter ständigem Rühren so lange ausquellen lassen, bis das Wasser aufgesogen ist.
Anschließend die Korinthen und die Pinienkerne unterziehen.
Eine Auflaufform mit Olivenöl bestreichen und die Butter oder Margarine in einem Topf zerlassen.
Eine Teigplatte in die gefettete Auflaufform so hineinlegen, daß der Teig gut über den Rändern steht.
Die restlichen Teigplatten zerkleinern und die Hälfte davon in die Auflaufform schichten.
Ein Viertel der Butter oder Margarine darübergießen. Den Reis und die Hühnerstücke gleichmäßig darauf verteilen.
Ein weiteres Viertel der Butter oder Margarine darübergießen und die restlichen Teigplatten gleichmäßig darübergeben.
Die überstehenden Teigränder über das Börek klappen und das Ganze mehrmals mit einem scharfen Messer einschneiden.
Das dritte Viertel der Butter oder Margarine darübergeben, im vorgeheizten Backofen bei 200 Grad etwa 25 – 30 backen.
Die klare Hühnerbrühe angießen, die restliche Butter oder Margarine mit dem Zimtpulver vermischen und die oberste Teigplatte damit bestreichen.

Die Auflaufform verschließen und bei 200 Grad weitere 10 – 15 Minuten backen, herausnehmen und servieren.

PIDE KIYMALI

Gefüllte Brotfladen

(4 Portionen)

1 Rezept Brotfladenteig (Seite 100)
Mehl zum Ausrollen
½ Tasse Olivenöl (60 ml)
2 Zwiebeln
250 g Lamm- oder Rindergehacktes
2 – 3 Tomaten
2 Eßl. Tomatenmark
1 Eßl. Paprikapulver
½ Bund Petersilie
Salz
Pfeffer aus der Mühle
1 Prise Cayennepfeffer
1 Teel. Oregano
2 Eigelb
4 Eßl. Wasser
2 Eßl. Sesamsamen

Den Brotfladenteig wie beschrieben vorbereiten und auf einer bemehlten Arbeitsfläche ausrollen. Mit dem Messer oder mit Hilfe einer Ausstechform runde Fladen ausstechen und bereitlegen.
Für die Füllung das Olivenöl in einem Topf erhitzen. Die abgezogenen und in Streifen geschnittenen Zwiebeln dazugeben und andünsten. Das Lamm- oder Rindergehackte dazugeben und braten.
Die enthäuteten entkernten und in Würfel geschnittenen Tomaten mit dem Tomatenmark unterrühren. Mit Paprikapulver würzen und einmal aufkochen lassen. Die verlesene gewaschene und feingehackte Petersilie untermischen.
Die Füllung mit Salz, Pfeffer, Cayennepfeffer und Oregano kräftig würzen, von der Kochstelle nehmen und erkalten lassen. Anschließend die Füllung gleichmäßig auf die Teigplatten verteilen. Die Teigfladen zusammenklappen und die Ränder gut festdrücken.
Ein Backblech ausfetten und die gefüllten Brotfladen darauflegen. 10 Minuten gehen lassen. Das Eigelb mit Wasser verschlagen und einen Brotfladen damit bestreichen. Mit dem Sesamsamen bestreuen und im auf 180 Grad vorgeheizten Backofen je nach Größe 15 – 20 Minuten ausbacken. Herausnehmen und warm oder kalt servieren.

SUCUKLU, YOĞURTLU BÖREK

Börek mit Huhn und Knoblauchwurst

(4 Portionen)

250 g Mehl
½ Päckchen Backpulver
1 Prise Salz
100 g Joghurt
125 g Butter oder Margarine

Mehl zum Ausrollen
250 g Hartwurst (Sudschuk)
250 g gekochtes Hühnerfleisch
2 Eßl. Olivenöl
1 Zwiebel
2 Peperoni
3 – 4 Tomaten
Salz
Pfeffer aus der Mühle
Olivenöl zum Ausfetten
1 Ei

Das Mehl mit dem Backpulver und dem Salz vermischen und auf eine Arbeitsfläche sieben.
Eine Mulde eindrücken und den Joghurt hineingeben. Die Butter oder Margarine in Flöckchen auf das Mehl setzen und das Ganze von außen nach innen schnell zu einem glatten kompakten Teig verkneten. Den Teig in ein feuchtes Küchentuch wickeln und im Kühlschrank mindestens 1 Stunde ruhen lassen. Anschließend den Teig in 8 – 12 kleine Portionen teilen und auf einer bemehlten Arbeitsfläche jeweils zu ½ cm dünnen Vierecken ausrollen.
Die Hartwurst und das Hühnerfleisch in feine Würfel schneiden.
Das Olivenöl in einer Pfanne erhitzen und die geschälte und feingehackte Zwiebel sowie die Peperoni darin kurz anschwitzen.
Die enthäuteten, entkernten und in Würfel geschnittenen Tomaten zur Zwiebel geben und kurz mitdünsten.
Die Hartwurst und das Hühnerfleisch dazugeben und einmal aufkochen lassen.
Das Ganze mit Salz und Pfeffer kräftig würzen, von der Kochstelle nehmen und erkalten lassen.
Die Masse gleichmäßig auf die Teigvierecke verteilen.
Die Vierecke zusammenfalten und die Teigränder gut zusammendrücken. Die Teigstücke auf ein mit Olivenöl gefettetes Backblech setzen, das Ei kräftig verschlagen und die Teigstücke damit bestreichen.
Das Ganze im auf 180 Grad vorgeheizten Backofen 25 – 30 Minuten backen.
Herausnehmen und kalt oder warm servieren.

KARE BÖREĞI

Blätterteigtaschen

(4 – 6 Portionen, Foto)

1 P. Blätterteig (TK-Produkt)
2 Hähnchenbrustfilets
Salz
Pfeffer aus der Mühle
1 Teel. Paprikapulver
½ Tasse Olivenöl (60 ml)
1 Zwiebel
1 Bund Frühlingszwiebeln
2 Eßl. Tomatenmark
2 Tomaten
2 Eier
1 Bund Petersilie
Semmelbrösel zum Binden
Eiweiß zum Bestreichen
2 Eigelb
2 Eßl. Wasser

Den Blätterteig auf einer bemehlten Arbeitsfläche auslegen und auftauen lassen. Die Hähnchenbrustfilets unter fließendem kaltem Wasser abspülen, gut abtropfen lassen und in Würfel schneiden. Das Hähnchenfleisch mit Salz, Pfeffer und Paprikapulver kräftig würzen.
Das Olivenöl in einer Pfanne erhitzen und das Fleisch darin scharf braten.
Die Zwiebel abziehen, fein würfeln, zum Fleisch geben und kurz mitbraten.
Die Frühlingszwiebeln putzen, in dünne Streifen schneiden, zum Fleisch geben und kurz mitdünsten.
Das Tomatenmark unterrühren. Die enthäuteten, entkernten und in Würfel geschnittenen Tomaten zum Fleisch geben und einmal aufkochen lassen.
Das Fleisch von der Kochstelle nehmen und erkalten lassen. Die Eier unter das Fleisch ziehen. Die verlesene, gewaschene und feingehackte Petersilie dazugeben.
Das Ganze mit Salz und Pfeffer kräftig würzen und je nach Bedarf mit Semmelbröseln binden.
Die Blätterteigscheiben dünn ausrollen und zu Rechtecken oder Quadraten schneiden.
Die Füllung gleichmäßig auf die Teigplatten verteilen.
Das Eiweiß mit etwas Wasser glattrühren und die Teigränder damit bestreichen.
Die Teigplatten zusammenklappen und die Ränder gut festdrücken.
Das Eigelb mit Wasser anrühren und die Blätterteigtaschen damit einstreichen. Die Teigtaschen mit einer Gabel mehrmals einstechen und auf ein mit Wasser befeuchtetes Backblech legen.
In den auf 180 Grad vorgeheizten Backofen schieben und 20 – 25 Minuten ausbacken. Herausnehmen und warm oder kalt servieren.

PEYNIRLI TEPSI BÖREĞI

Gebackener Börek mit Schafskäse und Petersilie

(4 Portionen)

4 Jufka (Teigplatten)
2 Eßl. Olivenöl
100 g Butter oder Margarine
2 Eier
250 ml (1/4 l) Milch
100 g Joghurt
Salz
weißer Pfeffer aus der Mühle
Außerdem:
250 g Schafskäse
1 Bund Petersilie
2 Eigelb

Die Teigplatten auf eine Arbeitsfläche legen, mit dem Olivenöl eine Auflaufform ausfetten und eine Teigplatte hineinlegen. Die Butter oder Margarine in einer Schüssel schaumig schlagen. Die Eier nach und nach darunterschlagen, die Milch und den Joghurt unterziehen. Die Masse mit Salz und Pfeffer kräftig würzen. Den Schafskäse zerbröckeln und mit der verlesenen, gewaschenen und feingehackten Petersilie vermischen.
Die Hälfte der Joghurtmasse auf die Teigplatte verteilen und eine zweite Teigplatte darauflegen. Den Schafskäse gleichmäßig darüber verteilen und mit der dritten Teigplatte abdecken.
Die restliche Joghurtmasse daraufgeben und mit der vierten Teigplatte verschließen. Die Eigelbe mit etwas Wasser glattrühren und die Teigplatte damit bestreichen. Die Auflaufform in den auf 180 Grad vorgeheizten Backofen schieben und 25 – 30 Minuten goldgelb backen, herausnehmen und servieren.

PEYNIRLI AY ÇÖREGI

Jogurthörnchen mit Käse

(6 – 8 Portionen)

150 g Joghurt
1 Tasse Olivenöl (120 ml)
125 g geriebenen Schafskäse
2 – 3 Eßl. Milch
2 Eier
1 Eßl. Zucker
1 Prise Salz
500 g Mehl
1 Teel. Backpulver
Mehl zum Ausrollen
Olivenöl zum Ausfetten
2 Eigelb
2 Eßl. Olivenöl
3 Eßl. Mohn
3 Eßl. Sesamkerne

Den Joghurt und das Olivenöl in eine Schüssel geben und glattrühren. Den Schafskäse mit der Milch verrühren, mit den Eiern und dem Zucker zum Joghurt geben.
Das Salz mit dem Mehl und dem Backpulver vermischen und auf eine Arbeitsfläche geben.
Eine Mulde eindrücken und die Joghurtmasse hineingleiten lassen.
Die Zutaten von außen nach innen zu einem glatten Teig verkneten.
Den Teig in ein feuchtes Küchentuch wickeln und mindestens 1 Stunde ruhen lassen. Anschließend auf einer bemehlten Arbeitsfläche dünn ausrollen.
Mit einem Messer Dreiecke ausschneiden.
Die Dreiecke von der breiten Seite her zusammenrollen und zu Hörnchen formen.
Ein Backblech mit Olivenöl ausfetten und die Hörnchen darauflegen.
Das Eigelb mit dem Olivenöl verrühren und die Hörnchen damit bestreichen.
Je nach Geschmack die Hörnchen mit Mohn oder Sesamsamen bestreuen und im auf 180 Grad vorgeheizten Backofen je nach Größe der Hörnchen 15 – 20 Minuten backen.
Herausnehmen und warm oder kalt servieren.

KIYMALI ZIGARA BOREĞI

„Teigzigarre" mit Hackfleischfüllung (4 Portionen)

4 Teigblätter (Yufka)
Mehl zum Ausrollen
500 g Rindergehacktes
½ Tasse Olivenöl (60 ml), 1 Zwiebel
Salz, Pfeffer aus der Mühle
1 Eßl. Paprikapulver
½ Bund Petersilie
125 g geriebenen Schafskäse
Eiweiß zum Bestreichen
Öl zum Ausbacken

Die fertigen Teigblätter auseinanderklappen, auf einer bemehlten Arbeitsfläche mit einem scharfen Messer Dreiecke ausschneiden.
Das Rindergehackte im erhitzten Olivenöl scharf braten. Die Zwiebel abziehen, fein würfeln, zum Fleisch geben und kurz mitbraten. Die verlesene, gewaschene und feingehackte Petersilie mit dem Schafskäse unter das Fleisch mischen und die Füllung gleichmäßig auf die Dreiecke verteilen. Das Eiweiß mit etwas Wasser glattrühren und die Teigränder damit bestreichen. Von der breiten Seite aus die Teigdreiecke zu Röllchen zusammendrehen. Die Ränder gut festdrücken. Das Olivenöl erhitzen und die Teigröllchen darin ausbacken. Gut abtropfen lassen, warm oder kalt servieren.

KIYMALI PIDE

Teigfladen mit Hackfleisch

(4 – 6 Portionen)

500 g Mehl
1 P. Trockenhefe
1 Eßl. Zucker
1 Eßl. Salz
1 Teel. Kreuzkümmel
100 ml Joghurt
200 ml lauwarmes Wasser
Mehl zum Ausrollen
2 – 3 Eßl. Tomatenmark
400 g Rindergehacktes
½ Tasse Olivenöl (60 ml)
2 Zwiebeln
1 Peperoni
1 Teel. Salz
1 Teel. Oregano
½ Bund Petersilie
Salz
Pfeffer aus der Mühle
1 Eßl. Paprikapulver

Das Mehl mit der Trockenhefe, dem Zucker, dem Salz und dem Kümmel vermischen auf eine Arbeitsfläche geben.
Den Joghurt und das Wasser dazugeben. Die Zutaten von außen nach innen zu einem glatten, geschmeidigen Teig verkneten. In eine Schüssel geben, abdecken und an einem warmen Ort mindestens 30 Minuten gehen lassen. Anschließend nochmals gut durcharbeiten und erneut 30 Minuten gehen lassen.

Den Teig auf einer bemehlten Arbeitsfläche 2 cm dick ausrollen und anschließend auf ein ausgefettetes Backblech legen. Mit Tomatenmark bestreichen und 10 Minuten gehen lassen.
Das Rindergehacktes in einer Pfanne mit erhitztem Olivenöl scharf braten. Die geschälten und in feine Würfel geschnittenen Zwiebel zum Fleisch geben und kurz mitbraten. Die Peperoni fein hacken.
Die Knoblauchzehen mit Salz zerreiben und beides zum Fleisch geben. Die verlesene, gewaschene und feingehackte Petersilie untermischen, mit Salz und Pfeffer sowie Paprikapulver das Fleisch kräftig würzen.
Die Fleischmasse erkalten lassen und gleichmäßig auf den Teigfladen verteilen.
Das Ganze in den auf 180 Grad vorgeheizten Backofen schieben und 20 – 25 Minuten backen. Herausnehmen, in Scheiben schneiden und servieren.

MANTI

Gebratene Nudeltaschen

(8 Portionen)

1 Rezept Nudelteig (S. 113)
500 g Rindergehacktes
2 Zwiebeln
Wasser
2 Eßl. Tomatenmark
1 Bund Petersilie
2 Knoblauchzehen
1 Teel. Salz
1 Teel. Oregano
1 Teel. Basilikum
Salz
Pfeffer aus der Mühle
1 Prise Cayennepfeffer
Eiweiß zum Bestreichen
Olivenöl zum Ausbacken

Den Nudelteig ohne die Gewürzzutaten wie beschrieben vorbereiten.
Den Teig auf einer bemehlten Arbeitsfläche dünn ausrollen und je nach Geschmack Quadrate, Rechtecke oder Kreise ausschneiden.
Das Rindergehackte in eine Schüssel geben.
Die Zwiebeln abziehen und fein würfeln. Das Olivenöl in einer Pfanne erhitzen und die Zwiebelwürfel darin andünsten. Tomatenmark unter die Zwiebeln rühren. Die Zwiebeln zum Rindergehackten geben.
Die verlesene, gewaschene und feingehackte Petersilie ebenfalls zum Fleisch geben.
Die Knoblauchzehen abziehen, fein hacken, das Salz dazugeben und zu einer Paste zerreiben.
Die Knoblauchpaste mit dem Oregano und dem Basilikum zum Fleisch geben und alles zu einer glatten kompakten Masse verarbeiten.
Die Fleischmasse mit Salz, Pfeffer und Cayennepfeffer kräftig würzen.
Die Fleischmasse gleichmäßig auf die Teigplatten verteilen.
Das Eiweiß mit etwas Wasser verschlagen und die Teigränder damit bestreichen.
Die Teigplatten zusammenklappen und die Ränder gut festdrücken.
Das Wasser in einem Topf erhitzen, die Nudeltaschen hineingeben, so lange garen, bis sie bißfest sind. Die Nudeltaschen abtropfen lassen und servieren. Knoblauchjoghurt (verdünnt) dazu reichen.

Erişteler
Nudelgerichte
Pilav
Reisgerichte

GABIN MANTISI

Nudelhalbmonde mit Kartoffelfüllung

(8 Portionen, Foto S. 110/111)

1 Rezept Nudelteig (Seite 111)
½ Tasse Olivenöl (60 ml)
1 Zwiebel
2 Knoblauchzehen
Salz
Pfeffer aus der Mühle
1 Teel. gemahlenen Kreuzkümmel
1 Prise Cayennepfeffer
1 Bund Petersilie
2 – 3 Eier
700 – 800 g Kartoffeln, mehlig festkochend
Eiweiß zum Bestreichen
200 g Zwiebeln
250 g Butter
Salz

Den Nudelteig ohne die Gewürzzutaten wie beschrieben vorbereiten und auf einer bemehlten Arbeitsfläche dünn ausrollen. Mit einem Glas oder einer Ausstechform runde Teigplatte ausstechen.
Für die Füllung das Olivenöl in einem Topf erhitzen. Die Zwiebel abziehen, mit den mit Salz zerriebenen Knoblauchzehen ins Olivenöl geben und dünsten.
Das Gemüse mit Salz, Pfeffer, Kreuzkümmel und Cayennepfeffer kräftig würzen.
Die verlesene, gewaschene und feingehackte Petersilie unter die Gemüsemischung heben.
Das Ganze von der Kochstelle nehmen und die verschlagenen Eier sowie den geriebenen Schafskäse untermischen und kurz stocken lassen.
Die Füllung nochmals kräftig abschmecken und gleichmäßig auf die Nudelplatten verteilen.
Das Eiweiß mit etwas Wasser glattrühren und die Ränder damit bestreichen.
Die Teigplatten zu Halbmonden zusammenklappen und die Ränder gut andrücken.
Salzwasser in einem Topf erhitzen und die Halbmonde darin garen.
Butter und Salz in einer Pfanne erhitzen und darüber geben.

EUDE YAPILMIŞ BAHARATH ERIŞTE

Hausgemachte Gewürznudeln

(8 Portionen)

1 kg Mehl
5 Eier
1 Eßl. Salz
1 Prise Muskat
125 ml (1/8 l) Milch
2 Eßl. Olivenöl
1/2 Bund Petersilie
2 Eßl. Paprikapulver
4 Eßl. geriebenen Parmesankäse
Mehl zum Ausrollen

Das Mehl auf eine Arbeitsfläche sieben und eine Mulde eindrücken. Die Eier auf das Mehl geben.
Das Salz und das Muskatpulver darüberstreuen.
Die Milch und das Olivenöl darüberträufeln.
Das Ganze mit bemehlten Händen von außen nach innen zu einem festen Teig verkneten. Den Teig in ein feuchtes Küchentuch wickeln und im Kühlschrank mindestens 1 Stunde ruhen lassen. Anschließend den Teig in drei Teile teilen.
Einen Teil mit verlesener, gewaschener und feingehackter Petersilie vermischen, den anderen mit Paprikapulver und den dritten mit Parmesankäse.

Den Teig erneut in ein feuchtes Küchentuch wickeln und im Kühlschrank 1/2 Stunde ruhen lassen. Die gewürzten Teige anschließend auf einer bemehlten Arbeitsfläche dünn ausrollen und mit Hilfe einer Nudelmaschine die Nudeln herstellen.
Falls Sie keine Nudelmaschine haben, so können Sie die Nudeln mit einem scharfen Messer vom Teig abschneiden. Hierfür wird die Teigplatte mehrmals übereinandergefaltet.
Die fertigen Nudeln auf ein bemehltes Backblech streuen und 3 – 4 Stunden trocknen lassen. Nun können die Nudeln in Salzwasser mit etwas Olivenöl gegart werden.
Nach dem Garen die Nudeln unter fließendem kaltem Wasser abspülen, gut abtropfen lassen, in Butter oder Olivenöl kurz braten, anrichten und servieren.

MANTI KOYUN KIYMALI

Nudeltaschen mit Lammgehacktem

(8 Portionen, Foto)

1 Rezept Nudelteig (S.113)
500 g Lammgehacktes
½ Tasse Olivenöl (60 ml)
2 Knoblauchzehen
1 Teel. Salz
1 Zwiebel
1 Peperoni
1 rote Paprikaschote
2 Eßl. Tomatenmark
Salz
Pfeffer aus der Mühle
1 Teel. geriebene Zitronenschale
1 Teel. Pfefferminze
Eiweiß zum Bestreichen
2 Tassen flüssige Butter
2 Eßl. Paprikapulver
2 Eßl. gehackte Petersilie
einige Tropfen Zitronensaft

Den Nudelteig ohne die Gewürzzutaten wie beschrieben herstellen und auf einer Arbeitsfläche dünn ausrollen.
Mit einem Messer aus den Teigplatten kleine Rechtecke oder Quadrate schneiden.
Das Lammgehackte im erhitzten Olivenöl scharf braten. Die mit Salz zerriebenen Knoblauchzehen dazugeben und kurz mitbraten.
Die Zwiebel abziehen, fein würfeln, zum Fleisch geben und ebenfalls kurz mitbraten.
Die Peperoni fein hacken und zum Fleisch geben.
Die Paprikaschote halbieren, entkernen, unter fließendem kaltem Wasser abspülen, gut abtropfen lassen, in kleine Würfel schneiden, zum Fleisch geben und kurz mitdünsten.
Tomatenmark unter das Fleisch rühren. Das Fleisch mit Salz, Pfeffer, der Zitronenschale und der Pfefferminze kräftig würzen.
Die Fleischmasse gleichmäßig auf die Nudelquadrate oder Rechtecke verteilen.
Das Eiweiß mit etwas Wasser verschlagen und die Teigränder damit einstreichen.
Die Teigränder übereinanderklappen und fest zusammendrücken.
Salzwasser in einem Topf erhitzen und die Nudeltaschen darin garen. Herausnehmen, gut abtropfen lassen und anrichten.
Die flüssige Butter mit dem Paprikapulver und der Petersilie vermischen und mit Zitronensaft, Salz und Pfeffer würzen.
Die Gewürzbutter über die angerichteten Nudeltaschen verteilen und servieren.

PIRINÇ PILAV

Geflügelreis mit Nüssen

(4 Portionen)

2 Hähnchenbrustfilets
Salz
Pfeffer aus der Mühle
1 Teel. gemahlenen Kreuzkümmel
1 Teel. Thymian
½ Tasse Olivenöl (60 ml)
1 Zwiebel
200 g Erbsen (TK-Produkt)
500 g gekochten Reis
125 ml (⅛ l) Geflügelbrühe
1 Prise Safran
1 Prise Cayennepfeffer
30 g Mandelsplitter
30 g Pistazienkerne
30 g Pinienkerne
50 g eingeweichte Korinthen
½ Bund Petersilie

Die Hähnchenbrustfilets unter fließendem kaltem Wasser abspülen und gut abtropfen lassen.
Das Fleisch in kleine Würfel schneiden, mit Salz, Pfeffer, Kreuzkümmel und Thymian kräftig würzen.
Das Olivenöl in einer Pfanne erhitzen und das Hähnchenfleisch darin braten.
Die abgezogene und in feine Würfel geschnittene Zwiebel dazugeben und kurz mitbraten.
Die Erbsen und den Reis unterheben und erhitzen.
Die Geflügelbrühe mit dem Safran und dem Cayennepfeffer sowie Salz und Pfeffer kräftig würzen. Die Geflügelbrühe angießen.
Die Mandelsplitter, die Pistazienkerne, die Pinienkerne und die Korinthen unter den Reis heben, das Ganze bei mäßiger Hitze 4 – 6 Minuten erhitzen.
Nach Ende der Garzeit den Geflügelreis nochmals kräftig abschmecken.
Die verlesene, gewaschene und feingehackte Petersilie untermischen und servieren.
Dieses Gericht kann auch sehr gut kalt verzehrt werden.

BAHARATLI PIRINÇ PILAV

Butterreis mit Kräutern

(4 Portionen)

2 Tassen Reis
4 Tassen heißes Wasser
100 g Butter
1 Zwiebel
4 Tassen kalte Rindfleisch- oder Hühnerbrühe
1 Eßl. Salz
weißer Pfeffer aus der Mühle
2 Eßl. gehackte Petersilie
2 Eßl. gehackten Dill
2 Eßl. gehackte Pfefferminze

Den Reis unter fließendem kaltem Wasser abspülen, gut abtropfen lassen und in eine Schüssel geben.
Das heiße Wasser über den Reis geben und 1 Stunde ziehen lassen. Anschließend den Reis herausnehmen und unter fließendem kaltem Wasser nochmals abspülen und gut abtropfen lassen.
Die Butter in einem Topf erhitzen und die abgezogene und feingehackte Zwiebel darin andünsten. Den Reis dazugeben und kurz mitdünsten. Die Rindfleisch- oder Hühnerbrühe angießen. Das Salz unterrühren und den Reis zum Kochen bringen. Bei mäßiger Hitze den Reis 25 – 30 Minuten ausquellen lassen.
Anschließend den Reis mit Salz und Pfeffer kräftig würzen, die gehackten Kräuter unterziehen, anrichten und servieren.

TAVUK CIĞERLI PILAV

Regenbogenreis mit Hähnchenleber

(4 Portionen)

½ Tasse Olivenöl (60 ml)
1 Teel. Salz
400 g Hähnchenleber
Salz
Pfeffer aus der Mühle
½ Bund Petersilie
1 Zwiebel
2 Tomaten
50 g eingeweichte Korinthen
50 g Pinienkerne
500 g gekochten Reis
1 Prise Cayennepfeffer
1 Eßl. Paprikapulver
½ Bund Pfefferminze

Das Olivenöl in einer Pfanne oder einem Topf erhitzen.
Die Hähnchenleber unter fließendem kaltem Wasser abspülen, gut abtropfen lassen und in mundgerechte Stücke schneiden. Die Leber ins Gewürzöl geben und braten. Mit Salz und Pfeffer kräftig würzen. Die Leber herausnehmen und bereitstellen.
Die verlesene, gewaschene und feingehackte Petersilie über die Hähnchenleber streuen.
Die Zwiebel abziehen, fein würfeln und im verbliebenen Bratfett glasig dünsten.
Die Tomaten enthäuten, entkernen und in Würfel schneiden. Die Tomatenwürfel mit den Korinthen, den Pinienkernen und dem Reis zu den Zwiebeln geben und erhitzen.
Den Reis mit Salz, Pfeffer, Cayennepfeffer und Paprikapulver kräftig würzen.
Den Reis anrichten, mit der verlesenen, gewaschenen und feingehackten Pfefferminze bestreut servieren.
Die Leber dazu reichen.

Tatlilar
Süßspeisen

IRMIK HELVASI

Grießkuchen mit Sirup und Sahne

(4 – 6 Portionen, (Foto S. 118/119)

8 Eigelb
125 g Zucker
1 P. Vanillezucker
1 Eßl. geriebene Zitronenschale
1 Eßl. geriebene Orangenschale
Saft von 1/2 Orange
einige Tropfen Weinbrand
140 g Grieß
2 – 3 Eßl. Weizenmehl
8 Eiweiß
1 Prise Salz
Butter zum Ausfetten
500 ml (1/2 l) Orangensaft
500 g Zucker
1 Eßl. geriebene Orangenschale
einige Tropfen Weinbrand
2 Tassen geschlagene gesüßte Sahne

Die Eigelb in einer Schüssel mit dem Zucker schaumig schlagen. Den Vanillezucker, die Zitronenschale und die Orangenschale dazugeben. Den Orangensaft und den Weinbrand unterrühren.
Den Eigelbschaum mit dem Grieß und dem Weizenmehl vermischen.
Das Eiweiß mit dem Salz zu steifem Schnee schlagen und vorsichtig unter die Masse heben. Eine Auflaufform ausfetten und die Grießmasse hineingeben.
Im auf 170 – 180 Grad vorgeheizten Backofen 40 – 50 Minuten backen. Den Grießkuchen herausnehmen und mit dem kalten Sirup begießen.
Für den Sirup den Orangensaft mit dem Zucker und der Orangenschale in einem Topf 8 – 10 Minuten verkochen. Von der Kochstelle nehmen, mit Weinbrand aromatisieren und erkalten lassen.
Den getränkten Grießkuchen anrichten, mit geschlagener gesüßter Sahne garnieren und servieren.

LIMON DONDURMALI BISKÜVI

Gebackene Joghurtplätzchen mit Zitroneneis

(4 – 6 Portionen)

400 g Joghurt
2 Eier
75 g Zucker
1 Eßl. geriebene Zitronenschale
125 g Mehl
1/2 Teel. Backpulver
Olivenöl zum Ausbacken
4 – 6 Portionen Zitroneneis
4 – 6 Port. geschlagene gesüßte Sahne
4 Eßl. Pistazienkerne
1/2 Bund Zitronenmelisse

Den Joghurt mit den Eiern in eine Schüssel geben und glattrühren. Den Zucker und die Zitronenschale dazugeben und so lange rühren, bis sich der Zucker aufgelöst hat.
Das Mehl mit dem Backpulver vermischen, zu der Joghurtmasse geben und alles zu einem glatten Teig verarbeiten.
Den Teig mit Weinbrand aromatisieren.
Das Olivenöl in einer Pfanne erhitzen und portionsweise Joghurtplätzchen ausbacken.
Die Plätzchen, sobald sie eine goldgelbe Farbe bekommen haben, herausnehmen und anrichten.
Je eine Portion Zitroneneis dazugeben und mit geschlagener gesüßter Sahne garnieren.
Mit Pistazienkernen bestreuen, mit Melissenzweigen verzieren und servieren.

ELMALI YOĞURT

Apfeljoghurt

(4 Portionen)

4 säuerliche Äpfel
Saft von 1 Zitrone
4 Eßl. Zucker
2 Eßl. Butter
125 ml (1/8 l) Wasser
100 g eingeweichte Korinthen
50 g Pinienkerne
50 g gehackte Mandeln
400 ml Joghurt
1 P. Vanillezucker
Zucker nach Geschmack

Die Äpfel schälen, entkernen, fein würfeln und mit Zitronensaft beträufeln.
Den Zucker und die Butter in einen Topf geben und karamelisieren lassen.
Mit Wasser ablöschen und den Karamel loskochen.
Die Äpfel dazugeben und bei mäßiger Hitze 6 – 8 Minuten dünsten lassen.
Anschließend die Korinthen, die Pinienkerne und die Mandeln unterrühren, von der Kochstelle nehmen und erkalten lassen.
Die Apfelmasse mit dem Joghurt vermischen, mit Vanillezucker und Zucker nach Geschmack süßen.
Den Apfeljoghurt anrichten und servieren.

INCEYUFKALI VE CERECLI YARIKAY

Strudelteighörnchen mit Nüssen

(4 – 6 Portionen, Foto)

450 g Mehl
250 ml (1/4 l) Wasser
2 Eßl. Olivenöl
1 Teel. Salz
1 Prise Zucker
Mehl zum Ausrollen
100 g gehackte Mandeln
50 g gehackte Walnüsse
100 g eingeweichte Korinthen
4 Eßl. Zucker
4 Eigelb
1 Eßl. geriebene Zitronenschale
1 Teel. Zimtpulver
Olivenöl zum Ausbacken
2 Eigelb zum Bestreichen
4 Eßl. Hagelzucker

Das Mehl auf eine Arbeitsfläche sieben und eine Mulde eindrücken.
Das Wasser und das Olivenöl, das Salz und den Zucker dazugeben.
Die Zutaten mit bemehlten Händen von außen nach innen zu einem kompakten glatten Teig verarbeiten.
Den Strudelteig in ein feuchtes Küchentuch wickeln und im Kühlschrank mindestens 1 Stunde ruhen lassen.
Anschließend den Teig auf einer bemehlten Arbeitsfläche dünn ausrollen und mit einem scharfen Messer Dreiecke ausschneiden.
Für die Füllung die Mandeln, die Walnüsse, die Korinthen in eine Schüssel geben und mit Weinbrand beträufeln.
Den Zucker, das Eigelb, die Zitronenschale und den Zimt unter die Masse rühren.
Die Füllung gleichmäßig auf die Dreiecke verteilen.
Die Dreiecke von der breiten Seite her zusammenrollen und zu Hörnchen formen.
Ein Backblech mit Olivenöl ausfetten und die Hörnchen daraufsetzen. Das Eigelb mit etwas Wasser glattstreichen und die Hörnchen damit einstreichen.
Die Hörnchen mit Hagelzucker bestreuen, im auf 180 Grad vorgeheizten Backofen 10 – 15 Minuten backen.
Herausnehmen und warm oder kalt servieren.

TULUMBA TATLISI

Spritzkuchen mit Zitronensirup

(4 – 6 Portionen)

- **250 ml (1/4 l) Wasser**
- **125 g Butter**
- **250 g Mehl**
- **1 Prise Salz**
- **1 Eßl. geriebene Zitronenschale**
- **4 Eier**
- **1 P. Vanillezucker**
- **1 Eßl. Zimt**
- **Olivenöl zum Ausbacken**
- **250 ml (1/4 l) Zitronensaft**
- **250 ml (1/4 l) Wasser**
- **500 g Zucker**

Das Wasser mit der Butter in einen Topf geben und zum Kochen bringen.
Das Mehl dazugeben und unter ständigem Rühren 6 – 8 Minuten ausquellen lassen.
Das Salz, die Zitronenschale unterrühren, das Ganze von der Kochstelle nehmen und leicht erkalten lassen.Die Eier nach und nach unter den Mehlteig schlagen.
Den Teig mit Vanillezucker und Zimt aromatisieren, in einen Spritzbeutel füllen und kleine 5 – 6 cm lange Stückchen auf eine bemehlte Arbeitsfläche spritzen.
Das Olivenöl in einer Pfanne erhitzen und den Spritzkuchen darin goldgelb backen.
Herausnehmen und im kalten Zitronensirup wenden.
Für den Zitronensirup den Zitronensaft mit dem Wasser und dem Zucker in einem Topf 6 – 8 Minuten kochen.
Anschließend von der Kochstelle nehmen und erkalten lassen. Den Spritzkuchen anrichten und servieren.

KADIN GÖBEḠI

Frauennabel

(4 Portionen)

- **250 ml (1/4 l) Wasser**
- **75 g Butter**
- **1 Prise Salz**
- **175 g Mehl**
- **4 Eier**
- **Öl zum Ausbacken**
- **500 ml (1/2 l) Wasser**
- **500 g Zucker**
- **Saft von 1 Zitrone**
- **2 Vanilleschoten**
- **100 g Pistazienkerne**

Das Wasser mit der Butter und dem Salz in einen Topf geben und zum Kochen bringen. Das Mehl einrühren und unter ständigem Rühren 5 – 6 Minuten köcheln lassen. Anschließend den Teig von der Kochstelle nehmen und leicht erkalten lassen.

Die Eier nach und nach unter den Teig schlagen.
Mit leicht eingeölten Händen kleine Kugeln formen und in der Mitte eine Mulde drücken. Das Olivenöl erhitzen und die Teigstücke darin goldgelb ausbacken. Für den Sirup das Wasser mit dem Zucker und dem Zitronensaft in einem Topf 6 – 8 Minuten köcheln lassen.
Das ausgeschabte Vanillemark unterrühren. Den Sirup erkalten lassen und bereitstellen. Die noch heißen Gebäckstücke im Sirup wenden und bereitstellen. Mit Pistazienkernen bestreuen, vollständig erkalten lassen und erst dann servieren.

ÇEREZ PASTASI

Honig-Nußkuchen

(6 – 8 Portionen)

500 g Mehl
5 Eier
125 g Joghurt
350 g flüssige Butter
1 Prise Salz
Mehl zum Ausrollen
100 g Mandeln
100 g Walnußkerne
50 g Pistazien
50 g Pinienkerne
250 g Honig
Saft von 1 Zitrone

Das Mehl auf eine Arbeitsfläche sieben und eine große Mulde eindrücken.
Die Eier, den Joghurt und die flüssige Butter sowie das Salz dazugeben.
Die Zutaten mit bemehlten Händen von außen nach innen zu einem glatten, kompakten Teig verkneten.
Den Teig in ein feuchtes Küchentuch wickeln und im Kühlschrank mindestens 1 Stunde ruhen lassen.
Anschließend den Teig in 10 – 15 Teile teilen und etwa 1 mm dicke Platten ausrollen.
Die Mandeln, die Walnußkerne, die Pistazien und die Pinienkerne sehr fein hacken oder mahlen.
Die Teigplatten schichtweise mit den Nüssen in eine ausgefettete Kasten- oder runde Auflaufform schichten.
Die letzte Teigplatte mit etwas Fett einstreichen und das Ganze im auf 180 Grad vorgeheizten Backofen 15 – 20 Minuten backen.
In der Zwischenzeit den Honig mit dem Zitronensaft in einer Schüssel erhitzen.
Den gebackenen Nußkuchen herausnehmen, mit dem flüssigen Honig überziehen und an einem kühlen Ort über Nacht ziehen lassen. Erst dann in Scheiben schneiden und servieren.

FIRINDA SÜTLAÇ
Gebackener Reispudding
(4 – 6 Portionen, Foto)

1 l Milch
2 Eßl. Butter
1 Eßl. geriebene Zitronenschale
1 Zimtstange
1 P. Vanillezucker
1 Prise Salz
250 g Reis
50 g Pistazienkerne
50 g Pinienkerne
100 g eingeweichte Korinthen
75 g Butter
75 g Zucker
4 Eigelb
4 Eiweiß Butterflocken

Die Milch mit der Butter, der Zitronenschale, der Zimtstange, dem Vanillezucker und dem Salz in einen Topf geben.
Den Reis unter fließendem kaltem Wasser abspülen, gut abtropfen lassen und zur Milch geben.
Unter ständigem Rühren die Milch zum Kochen bringen und den Reis bei mäßiger Hitze anschließend 20 – 25 Minuten ausquellen lassen.
Die Zimtstange aus dem Reis nehmen und vollständig erkalten lassen.
Die Pistazienkerne, die Pinienkerne, die Korinthen unter den Reis heben.
Die Butter mit dem Zucker in einer Schüssel schaumig schlagen. Das Eigelb darunterrühren.

Den Eigelbschaum unter den Reis heben. Das Eiweiß sehr steif schlagen und vorsichtig unter den Reis mischen. Eine Auflaufform ausfetten und die Reismasse hineingeben.
Einige Butterflöckchen auf den Reis legen und im auf 180 Grad vorgeheizten Backofen 20 – 25 Minuten backen.
Den Reispudding herausnehmen, warm oder kalt servieren.

DŪĞŪN PILAVI

Hochzeitsreis (4 Portionen)

500 ml (1/2 l) Milch
250 g Milchreis
1 Eßl. geriebene Zitronenschale
2 Vanilleschoten
1 Prise Salz
75 g Zucker
einige Tropfen Rosenwasser
4 cl Wasser, 1 1/2 g Safran
100 g eingeweichte Rosinen
50 g Pistazienkerne
2 mittelgroße Granatäpfel
Melissezweige zum Garnieren

Die Milch in einen Topf geben. Den Milchreis unter fließendem kaltem Wasser abspülen, gut abtropfen lassen, mit der Zitronenschale, der ausgeschabten Vanille und dem Salz zur Milch geben. Das Ganze unter ständigem Rühren zum Kochen bringen und bei mäßiger Hitze den Reis 15 – 20 Minuten ausquellen lassen. Den Zucker und das Rosenwasser unter den Reis ziehen. Das Wasser und den Safran miteinander verrühren und ebenfalls unter den Reis geben. Bei mäßiger Hitze weitere 10 Minuten ausquellen lassen. Anschließend die Rosinen, die Pistazienkernen und die Granatäpfelkerne unter den Reis heben. Den Reis anrichten, vollständig erkalten lassen, mit den Melissezweigen garnieren und servieren.

SIMIT

Sesamringe

(4 – 6 Portionen)

250 g Butter
250 g Zucker
2 Eier
400 g Mehl
2 Tassen Sesam
3 Eßl. Traubensirup (Pekmez)

Die Butter in eine Schüssel geben, den Zucker dazugeben und das Ganze schaumig schlagen. Die Eier dazugeben und alles gut miteinander verrühren. Das gesiebte Mehl dazugeben, alles zu einem glatten Teig verarbeiten und fingerdicke Rollen formen (Länge: ca. 20 cm).
Den Sesam auf eine Arbeitsplatte streuen, den Sirup darüberträufeln, mit beiden Händen von der Arbeitsplatte nehmen und reiben, auf der Arbeitsfläche verteilen. Den Teig darüberrollen und zu Ringen formen. Im auf 180 Grad vorgeheizten Backofen 10 – 15 Minuten backen. Herausnehmen und servieren.

BALLI KURU PASTA

Schneller Mehlkuchen mit Honig

(4 – 6 Portionen)

10 Eier, 125 g Zucker
1 Eßl. geriebene Zitronenschale
1 Eßl. geriebene Orangenschale
1 P. Vanillezucker
1 Prise Nelkenpulver
1 Teel. Zimt
Fett zum Ausbacken
2 Tassen Honig
2 Tassen Orangensaft
Saft von 1 Zitrone

Die Eier mit dem Zucker in eine Schüssel geben und schaumig schlagen. Die Zitronenschale, die Orangenschale, den Vanillezucker und das Arrakaroma sowie das Nelkenpulver und den Zimt unterrühren. Das Mehl darübersieben und vorsichtig unterheben. Ein Backblech ausfetten und den Teig darauf gleichmäßig verteilen. In den auf 180 Grad vorgeheizten Backofen schieben und 20 – 25 Minuten backen. Den Honig mit dem Orangensaft und dem Zitronensaft verrühren. Nach Ende der Backzeit den gebackenen Teig damit gleichmäßig bestreichen und weitere 3 – 4 Minuten backen. Herausnehmen, schneiden, anrichten und servieren

BADEMLI MUHALLEBI

Mandelpudding

(4 Portionen)

500 ml (1/2 l) Milch
75 g Zucker
1 P. Vanillezucker
100 g gemahlene Mandeln
30 g Kokosflocken
50 g Reismehl
1 Eßl. geriebene Zitronenschale
100 ml Joghurt
3 Eigelb
einige Tropfen Weinbrand
4 Eßl. Pistazienkerne

Die Milch mit dem Zucker, dem Vanillezucker und den Mandeln in einen Topf geben und bei mäßiger Hitze 5 – 6 Minuten köcheln lassen. Die Kokosflocken mit dem Reismehl und der Zitronenschale unterrühren und unter ständigem Rühren 6 – 8 Minuten das Reismehl ausquellen lassen.

Den Mandelpudding von der Kochstelle nehmen. Den Joghurt und das Eigelb miteinander verrühren und den Mandelpudding damit legieren.

Den Pudding mit Weinbrand je nach Geschmack aromatisieren.

Den Mandelpudding anrichten, erkalten lassen, mit Pistazienkernen bestreuen und servieren.

FISTIKLI ŪZŪM PASTASI

Rosinenkuchen mit Nüssen

(4 – 6 Portionen)

200 g Mehl
½ Teel. Backpulver
1 Prise Salz
1 Eßl. geriebene Zitronenschale
1 P. Vanillezucker
75 g Zucker
1 Ei
2 Eßl. Joghurt
125 g Butter
Fett zum Ausfetten
Semmelbrösel zum Bestreuen
500 ml (½ l) Milch
1 P. Vanille-Puddingpulver
100 g Mandelsplitter
500 g Rosinen
1 P. Tortenguß, weiß
2 Tassen geschlagene gesüßte Sahne

Das Mehl mit dem Backpulver und dem Salz vermischen und auf eine Arbeitsfläche sieben.
Die Zitronenschale und den Vanillezucker sowie den Zucker darüberstreuen und eine Mulde eindrücken.
Das Ei und den Joghurt in die Mulde geben. Die Butter in Flöckchen auf den Teig verteilen.
Die Zutaten mit bemehlten Händen von außen nach innen zu einem glatten geschmeidigen Teig verkneten.
Den Teig in ein feuchtes Küchentuch wickeln und im Kühlschrank mindestens 1 Stunde ruhen lassen.
Anschließend den Teig auf einer bemehlten Arbeitsfläche in der Größe der Backform ausrollen.
Die Backform ausfetten und mit Semmelbröseln bestreuen.
Den Teig in die Form legen und mehrmals mit einer Gabel einstechen.
Anschließend im auf 180 Grad vorgeheitzen Backofen 20 – 25 Minuten ausbacken.
Den Teig herausnehmen und bereitstellen. Die Milch in einem Topf erhitzen und nach Anweisung den Vanillepudding zubereiten.
Die Mandelsplitter unter den Pudding ziehen und mit Weinbrand aromatisieren.
Den Pudding von der Kochstelle nehmen und erkalten lassen. Den Pudding gleichmäßig auf den Teig verteilen.
Die Weintrauben verlesen, unter fließendem kaltem Wasser abspülen, gut abtropfen lassen und auf den Kuchen gleichmäßig verteilen. Den weißen Tortenguß nach Anweisung zubereiten und auf den Trauben verteilen. Anschließend vollständig erkalten lassen.
Die Weintraubentorte anrichten, mit der geschlagenen gesüßten Sahne garnieren und servieren.

MAYAHLI KURABIYE

Gebackene Hefeplätzchen

(4 – 6 Portionen)

500 g Mehl
250 ml (1/4 l) Milch
2 Eßl. Zucker
1 P. Hefe
2 Eier
50 g flüssige Butter
1 Eßl. geriebene Zitronenschale
100 g eingeweichte Korinthen
Olivenöl zum Ausbacken
1 Tasse Zucker
2 Eßl. Zimt
1/2 Teel. Nelkenpulver
1/4 Teel. Ingwerpulver

Das Mehl in eine Schüssel sieben.
Die Milch erwärmen, den Zucker unterrühren und die Hefe hineinbröckeln.
Die Hefe an einem warmen Ort 10 – 12 Minuten gehen lassen.
Anschließend die Hefemilch mit den Eiern, der Butter, der Zitronenschale zum Mehl geben und alles zu einem glatten geschmeidigen Teig verarbeiten.
Die Korinthen dazugeben und gut unterarbeiten. Den Teig mit einem Küchentuch abdecken und an einem warmen Ort 30 Minuten gehen lassen.

Anschließend den Teig nochmals kräftig durcharbeiten und erneut 30 Minuten gehen lassen. Das Olivenöl in einem Topf erhitzen. Aus dem Teig kleine Bällchen drehen. Die Bällchen leicht plattdrücken und im schwimmenden Fett goldgelb ausbacken.
Den Zucker mit dem Zimt, dem Nelkenpulver und dem Ingwerpulver vermischen.
Die noch warmen Hefeplätzchen in dem Zucker wenden, anrichten und warm oder kalt servieren.

Içkiler
Getränke

MEYVELI ŞARAPKASESI

Orangenbowle mit Pfefferminze

(4 – 6 Portionen, Foto S. 132/133)

4 süße reife Orangen
50 g Zucker
1 Päckchen Vanillezucker
1 Tasse Maraschinolikör
1 l trockenen Weißwein
1 Bund Pfefferminze
1 Flasche Sekt oder Champagner

Die Orangen schälen, daß auch die weiße Innenhaut vom Fruchtfleisch abgeschnitten wird.
Anschließend die Orangen in feine Würfel schneiden.
Das Orangenfleisch mit dem Zucker, dem Vanillezucker und dem Maraschinolikör in ein großes Bowlegefäß geben.
Den Weißwein angießen, die verlesene, gewaschene und feingehackte Pfefferminze unterrühren.
Den Orangenansatz im Kühlschrank mindestens 1 Stunde ziehen lassen.
Anschließend mit sehr kaltem Sekt oder Champagner auffüllen, anrichten und servieren.

KARPUZ COKTEYLI

Melonencocktail

(4 – 6 Portionen)

1 kleine Wassermelone
250 ml (1/4 l) Weißwein
250 ml (1/4 l) Orangensaft
2 P. Vanillezucker
Saft von 2 Zitronen
125 ml (1/8 l) Weinbrand
1 Flasche Sekt oder Champagner
1 Bund Pfefferminze

Die Wassermelone achteln, entkernen und das Fruchtfleisch auslösen.
Das Fruchtfleisch mit dem Weißwein und dem Orangensaft im Mixer oder mit dem Pürierstab pürieren.
Das Fruchtpüree mit Vanillezucker, Zitronensaft und Weinbrand vermischen und im Kühlschrank 1 Stunde ziehen lassen.
Anschließend mit sehr kaltem Sekt oder Champagner auffüllen.
Die verlesene, gewaschene und feingehackte Pfefferminze unterziehen, den Melonencocktail anrichten und servieren.

CACIK
Gurken mit Yoghurt

3 Knoblauchzehen
1/2 Salatgurke
500 ml (1/2 l) Yoghurt
Salz
150 ml Wasser
frischen Dill oder getrocknete Minzblätter
einige Tropfen Olivenöl

Die Salatgurke schälen und in sehr kleine Würfelchen schneiden. Den Yoghurt mit Wasser vermischen und in eine Schüssel geben. Gurkenwürfel hinzugeben. Die Knoblauchzehen abziehen, über die Gurkenwürfel pressen. Alles gut verrühren. Mit Salz abschmecken, mit Dill oder gehackten Minzblättern bestreuen. Zum Schluß in Portionsschälchen füllen und einige Tropfen Öl darübergeben.

LIMONKOKTEYL
Zitronencocktail
(4 Personen)

100 ml Zitronensaft
200 ml Granatapfelsaft
4 Eßl. Puderzucker
Soda

Zitronen und Granatäpfel auspressen. Den Zitronensaft in einen Saftkrug gießen. Den Puderzucker darin auflösen. Einige Eiswürfel darauf geben. Den Granatapfelsaft darüber gießen. Mit Soda auffüllen.

YOĞURTLU ŞEFTALI SUYU
Pfirsich-Joghurt-Drink
(4 – 6 Portionen)

4 frische Pfirsiche
2 Päckchen Vanillezucker
Saft von 2 Zitronen
1/4 l Orangen- oder Pfirsichsaft
Zucker nach Geschmack

Die Pfirsiche über Kreuz einschneiden, in kochendes Wasser legen, herausnehmen, unter fließendem kaltem Wasser abspülen und anschließend enthäuten. Die Pfirsiche halbieren, entkernen, kleinschneiden und in den Mixer geben.
Den Vanillezucker und den Zitronensaft dazugeben. Mit dem Orangen- oder Pfirsichsaft angießen. Das Ganze 2 – 3 Minuten mixen und anschließend den Joghurt während des Mixens dazugeben. Den Pfirsich-Joghurt-Drink je nach Geschmack mit Zucker süßen, anrichten und eiskalt servieren.

SAHLEP

Orchideenshake

(4 – 6 Portionen, Foto)

250 ml (1/2 l) Milch
1 Eßl. geriebene Zitronenschale
2 P. Vanillezucker
2 Eßl. Sahleppulver
Zucker nach Geschmack
1 Eßl. Zimtpulver
Zitronenmelisse und Pfefferminzzweige zum Garnieren

Die Milch mit der Zitronenschale, dem Vanillezucker und dem Sahleppulver vermischen und in einen Topf geben.
Unter ständigem Rühren 4 – 5 Minuten köcheln lassen. Anschließend die Orchideenmilch mit Zucker nach Geschmack süßen.
Den Orchideenshake anrichten, mit Zimtpulver bestreuen, mit Melisse und Pfefferminzzweigen garnieren und servieren.

AYRAN

Yogurtgetränk

(4 Portionen)

500 ml Yoghurt
500 ml (1/2 l) Wasser
Salz

Yoghurt und Wasser mit dem Mixer oder Schneebesen verrühren, mit Salz abschmecken. Dieses Getränk ist an heißen Tagen besonders angenehm.

PORTAKAL SUYE

Orangensaft

(6 Portionen)

1 Glas Zucker
1 Glas heißes Wasser
2 Gläser Orangensaft (von ca. 3 – 4 Orangen)
Schale von einer unbehandelten Orange
2 Gläser kaltes Wasser
Eiswürfel

Die Orangen auspressen. Schale einer Orange reiben.
Wasser, Zucker und geriebene Orangenschale in einen Topf geben und zum Kochen bringen.
Die Flüssigkeit 5 Minuten kochen lassen.
Die Masse abkühlen lassen und den Orangensaft hinzufügen.
2 Gläser kaltes Wasser dazugeben und mit einigen Eiswürfeln in Gläser verteilen.

Rezeptverzeichnis, deutsch

H

J/K/L

M/N/O

P/R

S

T

V/W

Y/Z

Rezeptverzeichnis, türkisch

U/Y

Z